Sanspareil
Burg Zwernitz und Felsengarten

Amtlicher Führer

bearbeitet von
Peter O. Krückmann

Bayerische
Schlösserverwaltung

Inhalt

Ansbacher Jagdtaler, Markgraf Carl Wilhelm Friedrich als Falkner, um 1755

Historisher Hintergrund

»C'EST SANS PAREIL«: SANSPAREIL

Markgraf Friedrich in Jagduniform, Ölgemälde von Johann Conrad Reis, 1757 (Historisches Museum, Bayreuth)

»C'est sans pareil« – das ist ohnegleichen. Diesen Ausruf sollen verschiedene Personen getan haben, als sie erstmals mit Markgraf Friedrich von Bayreuth und seiner Gattin Wilhelmine in den Weiler Zwernitz gelangten. Er galt nicht der stauferzeitlichen Burg, deren Namen der Flecken trug, sondern einer Ansammlung von rund drei Dutzend Felsen, die sich dort auf Wiesen und in einem Buchenhain zu einer regelrechten Berglandschaft in kleinem Maßstab gruppieren. Felsen und Berge sind in der Fränkischen Schweiz, wie die oberfränkische Region zwischen Thurnau, Bayreuth, Hiltpoltstein und Forchheim seit dem 19. Jahrhundert genannt wird, nichts Besonderes, doch diese Felsen sind anders. Sie haben nicht den Charakter einer schroffen Bergkette, einer kulturfernen, unzugänglichen Natur, die auf die höfisch-verfeinerte Gesellschaft des Rokokozeitalters abstoßend gewirkt hätte. Vielmehr geht von diesen Felsen, die wie ausgestreut im Halbschatten eines Buchenhains liegen, eine Stimmung des Unwirklichen, Geheimnisvollen aus. Ihre überschaubare Höhe von bis zu 15 Metern erlaubt, die Felsen zu begehen und zu erkunden, immer neue Perspektiven und Eigentümlichkeiten zu entdecken. Auch die Nähe zu der alten Hohenzollernburg Zwernitz spielt eine Rolle. Ein geistig und künstlerisch so reger Mensch wie die Markgräfin Wilhelmine musste sofort die Gestaltungsmöglichkeiten, die sich ihrer Fantasie boten, erkennen: Zunächst sah Wilhelmine in den Felsen eine chinesische Landschaft en miniature. Später verlegte sie die Abenteuerreise von Odysseus' Sohn Telemach hier-

her, und die Felsen wurden zu Inseln im Mittelmeer. So entstand eine der ungewöhnlichsten Schloss- und Parkanlagen Deutschlands.

DIE LAGE

Das Erscheinungsbild des Parks hat sich bis heute stark verändert. Der Baumbestand hat sich erneuert und dürfte nun deutlich dichter als in der Mitte des 18. Jahrhunderts sein. Mehrere Sichtachsen sind zugewachsen. Die Führung der Wege entspricht nicht mehr der ursprünglichen Anlage, auch wurden die flankierenden Hecken im östlichen Teil entfernt. Dafür durchquert nun eine Straße den

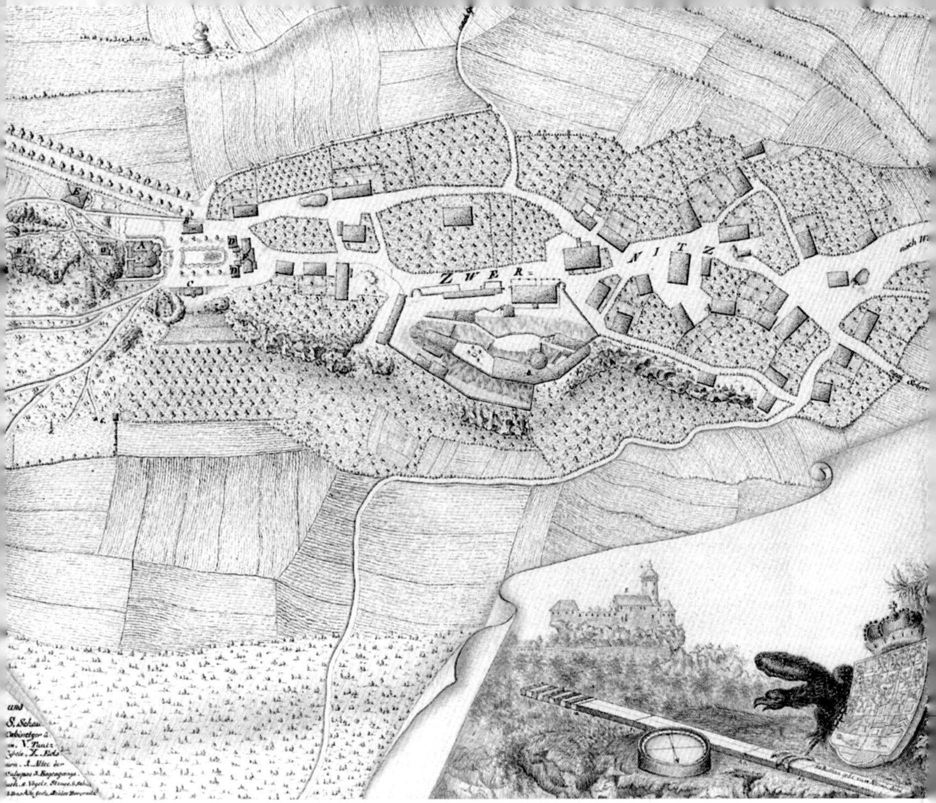

»Plan von dem Lustschlos Sanspareile«, Tuschezeichnung von Johann Christoph Bechstatt, 1796 (Universitäts- und Landesbibliothek, Darmstadt)

Park, über die der Besucher zum Schlossbereich gelangt. Bis auf das Ruinentheater verfielen die zahlreichen Staffagebauten und wurden abgeräumt. Auch vier zum Schlossensemble gehörige Gebäude zwischen Morgenländischem Bau und Küchenbau existieren nicht mehr. Wie die gesamte Anlage einst aussah, vermitteln zwei Kupferstichserien aus der Mitte und vom Ende des 18. Jahrhunderts sowie der herausragende »Plan von dem Lustschlos Sanspareile im Bayreuthischen«, den der Fürstliche Hessische Oberjäger Johann Christoph Bechstatt 1796 veröffentlicht hatte – eine Art Bestandsaufnahme der Liegenschaft, nachdem das vereinte Markgraftum Ansbach-Bayreuth 1791 preußisch geworden war.

Oben: Burg Zwernitz und der Felsengarten von Süden, Kupferstich von Johann Thomas Köppel, 1748

Rechts: Maille spielendes Paar der Darstellungsgruppe »18tes-jahrhundert.de«

Die gesüdete Landkarte zeigt einen »Weg von Bayreuth«, der, wie wir aus einer Reisebeschreibung von Johann Michael Füssel aus dem Jahr 1787 erfahren, ziemlich beschwerlich war: »Bergauf, bergein, über steile Rangen, worauf man befürchtet, die Kutsche möchte ihr Gleichgewicht verlieren, auf immerwährenden glatten Steinen, die den Pferden keinen sichern Tritt erlauben, und den Fahrenden ein unerträgliches Stossen … verursachen – währte uns diese Reise [von Bayreuth] unglaublich lang. Desto süßer waren aber auch die Ergötzungen, denen man sehnlich entgegen eilt.« Der Weg führte in einem spitzen Winkel auf die Anlage (heute ein Feldweg und der Parkplatzbereich), zielte aber nicht auf einen zentralen Punkt, wie es bei einem repräsentativen Schloss zu erwarten wäre, sondern mündete in den Weiler. Nur die letzten 200 Meter waren von Alleebäumen gesäumt. Dieser Abschnitt konnte für das Maillespiel dienen, einer höfischen Belustigung, die als Vorgänger des Krickets gilt.

MARKGRÄFIN WILHELMINE VON BAYREUTH

Wilhelmine Friederike Sophie war die älteste Tochter König Friedrich Wilhelms I. in Preußen und damit die ältere Schwester Friedrichs II., »des Großen«. Nach dem Willen ihrer politisch ehrgeizigen Mutter Sophie Dorothea von Hannover, Tochter des Kurfürsten und späteren englischen Königs Georg I., hätte sie ihren Vetter, den englischen Kronprinzen, heiraten sollen, um das Familienbündnis zwischen Preußen und Hannover/Großbritannien zu stärken. Als dieses Projekt scheiterte, musste Wilhelmine einen anderen Verwandten nehmen, den Erbprinzen von Brandenburg-Bayreuth: Statt Königin wurde sie nun Markgräfin in einem mittelgroßen deutschen Fürstentum. Zunächst empfand Wilhelmine ihre Verheiratung nach Bayreuth als Opfer. Die Enttäuschung darüber und die provinzielle Rückständigkeit, die sie vorfand, hat sie in ihren Memoiren plastisch geschildert. Ihre vielseitigen Begabungen und Interessen machten Wilhelmine zu einer der faszinierendsten Frauen des 18. Jahrhunderts. Sie war eine talentierte Musikerin, die viele Instrumente beherrschte und zu komponieren verstand. Sie besaß literarische Fähigkeiten, pflegte einen intensiven Briefwechsel mit ihrem Bruder Friedrich in Berlin, verfasste mehrere Opernlibretti und war selbst die Intendantin ihres Theaters. Darüber hinaus hatte sie eine Neigung zur Philosophie und war eine Anhängerin der Aufklärung und des Toleranzgedankens, wie sie von den beiden Hauptvertretern der deutschen Frühaufklärung Gottfried Wilhelm Leibniz (1646–1716) und Christian Wolff (1679–1754) gelehrt wurden. Sie interessierte sich für chinesische Philosophie. Die eigentliche Vollendung eines Staates sah sie indes, wie ihr Bruder, in der Antike. Antike, Aufklärung und – in Grenzen – China bildeten das geistige Koordinatensystem, das auch dem Ausstattungskonzept der Eremitage zugrunde liegt. Insbesondere die Darstellungen tugendhafter Handlungen der antiken Geschichte in

Markgräfin Wilhelmine in einem Pilgerkostüm, Ölgemälde von Antoine Pesne, um 1750 (Stiftung Schlösser und Gärten Potsdam-Sanssouci, Neues Palais)

Deckengemälden und Supraporten, die Vorbilder für fürstliches Verhalten vor Augen stellten, entsprachen ihrem spekulativen Geist und wiesen einerseits auf die Ausstattung des Berliner Schlosses zurück, andererseits auf den Frühklassizismus voraus.
Als ihr Gemahl Friedrich 1735 die Regierung antrat, waren Glück und Wohlstand der Untertanen ein politisches Ziel. Friedrich zählte damit zu den Vertretern des aufgeklärten Absolutismus, der im 18. Jahrhundert vor allem in Preußen und Österreich praktiziert wurde.

Dort, wo der Bayreuther Weg endet, stand das kleine Wohngebäude der Wilhelmine, das Burggrafenhaus; gegenüber, in dem Schlossgeviert um den Morgenländischen Bau, das Markgrafenhaus, hinter dem mehrere Terrassen zu den Feldern in der Senke führten. Der Schlossbereich war direkt an die östlich anschließenden Felsformationen gelehnt, ohne eine unmittelbare Verbindung aufzuweisen. Abgrenzung und Zuordnung hielten sich spannungsvoll die Waage. 150 Meter nach Westen erblickte man die hoch über zwei Dutzend Bauernhäusern aufragende Burg Zwernitz. In diese beiden Bezüge ist der Morgenländische Bau als der fürstliche Mittelpunkt eingebunden: auf der einen Seite die Burg, ein weithin sichtbares Monument der Altehrwürdigkeit der Bayreuther Hohenzollern, vielleicht eine Anspielung auf die Nürnberger Kaiserburg, als deren ehemalige Verwalter sich die Hohenzollern auch »Burggrafen von Nürnberg« nannten; auf der anderen Seite der etwa 700 Meter lange Felsenhain, der als eine abgesonderte und in sich abgeschlossene Welt voller »Merkwürdigkeiten« seine Besucher beeindrucken sollte.

Herzog Carl Eugen von Württemberg in Galauniform, Ölgemälde von Antoine Pesne, 1744 (Schloss Ludwigsburg)

DEM ALLTAG ENTHOBEN

Das Schlossareal Sanspareil sollte anlässlich der Heirat von Friederike, dem einzigen Kind des Bayreuther Markgrafenpaars, mit Herzog Carl Eugen von Württemberg während einer glanzvollen Jagd 1748 eingeweiht werden. Das Fürstenpaar war wohl voller Erwartung, wie Sanspareil auf die Hochzeitsgäste wirken würde. Es beauftragte Johann Thomas Köppel, der als Kupferstecher und Kalligraph in Bayreuth tätig war, mit einer Serie von Kupferstichen, um die Erinnerung an die glanzvolle Fürstenhochzeit und die einzigartige Schlossanlage bei den Gästen wachzuhalten. Die Kupferstiche, die nach Köppels Zeichnungen entstanden, zeigen die Hauptsehenswürdigkeiten: zwei Ansichten der Burg Zwernitz, sodann einen Blick

Herzogin Friederike von Württemberg im Hochzeitskleid, Ölgemälde von Wolfgang Dietrich Mayer, um 1745 (Schloss Ludwigsburg)

auf den Morgenländischen Bau, das Belvedere und das Ruinentheater. Wilhelmine hatte sich zu Ehren des Bräutigams sogar einfallen lassen, die Geschichte des Telemach, der auf einer abenteuerlichen Irrfahrt, dem Gleichnis einer Lebensreise, auf der Suche nach seinem Vater zu herrscherlicher Größe reift, in dem Felsenhain zu inszenieren. Um die Beteiligten unterzubringen, wäre ein Feldlager aus bunten Offizierszelten zwischen Burg und Felsengarten nötig gewesen. Es wäre ein »Bild« höfischen Lebens entstanden, wie man es nicht eindrucksvoller auf dem Prospekt einer Opernbühne zur Darstellung hätte bringen können. Einer der Höhepunkte wäre gewiss ein Feuerwerk geworden, das auf der hoch gelegenen Burg Zwernitz gezündet worden wäre. Immerhin ist im Bayreuther Hofkalender ein eigener Feuerwerksmeister erwähnt. Der Aufenthalt einer illustren Hofgesellschaft in Sanspareil wäre ein für alle unvergessliches Spektakel geworden. Das Fest fand allerdings aus unbekannten Gründen nicht statt.

Doch auch wenn es nicht so spektakulär zuging, wie für die Hochzeit geplant, hatten die in den folgenden Jahren regelmäßig stattfindenden höfischen Jagden stets festlichen Charakter. Und selbst wer im Sommer ohne besonderen Anlass in Sanspareil weilte, war dem Alltag enthoben. Nur zur Jagd begab man sich in Wald und Flur. Zum Lustwandeln stand der Park mit seinen Attraktionen, den unterschiedlichen Staffagegebäuden bis hin zum Ruinentheater, bereit und regte immer wieder von Neuem zum Staunen und zu geistreichen Konversationen über das Geschaute an. Es gab ja genug Anspielungen und Symbole, die Anregung boten. Oder man rekapitulierte die Erzählung von Telemach, die jeder Höfling unzählige Male gelesen hatte. Auf der Bühne des Ruinentheaters konnte man kleine Singspiele aufführen oder man veranstaltete ein Wettschießen auf eine Vogelstange. Im Zentrum aller Gespräche standen die Markgräfin Wilhelmine von Bayreuth, die geistige Urheberin dieser Welt der Lustbarkeit

und der Fantasie, und ihr Gatte Friedrich, dessen weise Regierungskunst das alles erst möglich machte. Nicht das repräsentative Gesehenwerden als über allem stehender Herrscher war der Zweck – auf das Durchschreiten und das Schauen hin war alles konzipiert.
Der Felsengarten war damit das Gegenstück zum Hofgarten in der Residenzstadt Bayreuth, genauso wie das Geviert um den Morgenländischen Bau, eine Maison de Plaisance, also ein Lustschloss, den Gegenentwurf zum Residenzschloss bildet. Wenn dort die Würde des Herrschers im wichtigsten Gebäude seines Staates den Untertanen vor Augen geführt wurde, dann wurde hier dem fürstlichen Hof jenseits von Zeremoniell und Repräsentation das Vergnügen an der Illusion geboten, Arkadien in die Gegenwart holen zu können. Dass man all das lebte, aber nicht wirklich ernst nahm, belegt die leise Ironie, die allenthalben zu entdecken ist. Ironie, die Schwester der Heiterkeit, ist kein Hauptthema der Gestaltung, aber doch ein spielerischer Grundzug, etwa wenn die Bühne eines barocken Hoftheaters in Sanspareil zu einer römischen Ruine mutiert oder der Morgenländische Bau in seinem Äußeren vorgibt, eine ländliche Grotte zu sein, sich im Innern aber doch als veritables Schlösschen entpuppt. Ironie, ein konstituierender Bewusstseinszustand des 18. Jahrhunderts, war Wilhelmine nicht fremd – man lese nur ihren Briefwechsel mit dem Bruder in Berlin.

EINE SINGULÄRE SCHLOSSANLAGE

Der Felsengarten wird oft als früher Vorläufer des englischen Landschaftsgartens auf dem Kontinent dargestellt. Die ersten Gärten, die landschaftlich gestaltet waren, entstanden bereits Ende des 17. Jahrhunderts in England. Sie waren ein politisches Bekenntnis zu aufklärerischen und liberalen Ideen im Gegensatz zum formalen Garten, der feudale, absolutistische Macht demonstrierte. Es ist zu vermuten, dass Wilhelmine von solchen Gartenanlagen in

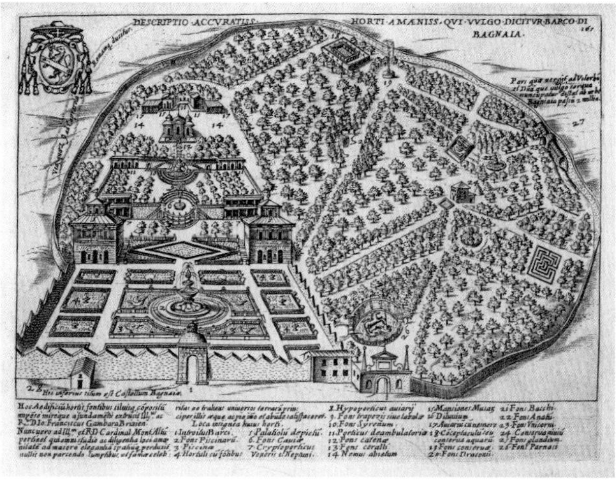

Plan der Villa Lante in Bagnaia (Viterbo), Kupferstich aus »Antiquae urbis splendo« von Giacomo Lauro, Rom, 1612 (Universitätsbibliothek, Heidelberg)

Chatsworth (1685) oder Castle Howard (1699) Kenntnis hatte. Allerdings ist es eher unwahrscheinlich, dass sie solche Gärten anlegen wollte. Im Bayreuther Residenzschloss und in der Eremitage hat sie zeitlebens sehr entschieden die Anlage formaler Gärten vorangetrieben, nicht aber landschaftliche Gestaltungen wie in England. Dass in der Eremitage und in Sanspareil die vorgefundene landschaftliche Situation in die Planungen mit einbezogen wurde, geht auf eine andere Tradition zurück.

In Italien hatte sich in der Renaissance ein Villentypus herausgebildet, der formale und natürliche Bereiche verband. Vor dem herrschaftlichen Wohngebäude lag als repräsentativer Zugangsbereich ein regelmäßiges Parterre, angrenzend daran befand sich ein vorgefundenes oder eigens angelegtes Waldstück, das von Wegen durchzogen vor allem der Jagd diente. Dieser Gartentypus erhielt deshalb den Namen Selvaggio (»wild«), dessen bedeutendstes Beispiel die Villa Lante in Bagnaia ist, die vom Architekten Vignola ab 1566 für einen Kardinal Gambara errichtet wurde. Diese Villa war durch Stiche auch in Bayreuth be-

kannt. Während die Eremitage diesem Schema sehr getreu folgt, stellt Sanspareil eine Variante dar – sowohl im Bereich der Gebäude, da die kleine Schlossanlage mit dem Morgenländischen Bau als Zentrum einen Schlosstypus neu und originell interpretiert, der 1679 von Jules Hardouin-Mansart für König Ludwig XIV. in Marly erstmals verwirklicht wurde, als auch was den Park angeht. Der Anstoß für Wilhelmine, den Hain zu einem Park umzuwandeln, kam nicht zuletzt von der Ähnlichkeit der Felsen mit chinesischen Darstellungen. Typisch ist ihre schrundige, durchlöcherte und asymmetrische Erscheinung. Die pittoresken, verspielten Elemente der Chinamode begeisterten Wilhelmine. Im japanischen Kabinett des Alten Schlosses in der Eremitage ließ sie um 1739, also unmittelbar vor der »Entdeckung« des Felsenhains, einen Raum mit Lacktafeln auskleiden und sich an der Decke als chinesische Fürstin beim Teetrinken in einem Garten darstellen. Die Lacktafeln selbst zeigen das Leben an einem chinesischen Hof. Wilhelmine sah in dem von der Philosophie des Konfuzius geprägten China wie viele ihrer Zeitgenossen das Idealbild eines harmonischen Staates, das sie auf Bayreuth übertragen wollte. Nach 1724 erfuhr die Chinamode in der Gartenarchitektur entscheidende Impulse durch die Kupferstichserie »Ansichten von Jehol«, die der italienische Missionar Matteo Ripa vom kaiserlichen Sommerpalast in Nordchina angefertigt hat. In Sanspareil verbindet sich der chinesische Eindruck mit dem italienischen Selvaggio zu einer für diese Zeit auf dem Kontinent singulären Schöpfung. Mit der gleichzeitig in England entstandenen Mischform des Jardin chinois-anglais, der Bereicherung des Landschaftsgartens mit chinesischen Elementen, hat Sanspareil indessen keine erkennbaren Berührungspunkte. Man kann wohl konstatieren, dass der Felsengarten eine andere Ausrichtung als der Landschaftsgarten zeigt, weshalb man ihn kaum als dessen Vorläufer auf dem Kontinent bezeichnen kann.

Markgräfin Wilhelmine als chinesische Fürstin, Ausschnitt aus dem stuckierten Plafond des Japanischen Kabinetts im Alten Schloss Eremitage von Jeronimo Francesco Andreioli und Pietro Ludovico Bossi, um 1739

Oben: Der poröse Tuffsteinfelsen der Burg Zwernitz mit durchgesickertem, gefrorenem Wasser

Rechts: Zschokkefelsen

RIFFE AUS DEM URMEER

Um die landschaftliche Besonderheit Sanspareils zu verstehen, muss man etwa 160 Millionen Jahre bis in die Zeit des Jura zurückblicken. Nach dem Auseinanderbrechen des Großkontinents Laurasia überflutete ein lagunenartiges Schelfmeer weite Teile Europas, das Jurameer. Da durch die Kontinentaldrift das heutige Franken viel weiter im Süden lag und dort ein tropisches Klima herrschte, war das nur 150 Meter tiefe Meer relativ warm – eine ideale Umgebung für Kieselschwämme und Blaugrünalgen. Aus dem in ihren Schalen und Skeletten einlagerten Kalk entstanden über Jahrmillionen kuppelförmige Riffe aus Kalk- und Dolomitgesteinen. Am Ende der Jurazeit drückte der afrikanische Kontinent auf die europäische Platte. Durch die Hebung der Landmasse floss das Jurameer ab und ein Verkarstungsprozess setzte ein, dem wir die eindrucksvolle und oft bizarre Felsenlandschaft der Fränkischen Schweiz verdanken.

DIE ENTSTEHUNG DER BURG ZWERNITZ

Nach dem Vorbild der Staufer, für die der systematisch betriebene Burgenbau ein Machtinstrument war, begann ebenso der Adel im Hochmittelalter mit dem Bau von Burgen. So entstand auf einem der Felstürme im fränkischen Jura die Burg Zwernitz. Der 1156 erstmals in einer Urkunde genannte Name ist slawischen Ursprungs und bedeutet Zwinger bzw. Tiergehege. Die Burg, die damals Friedrich und Uodalrich de Zvernze aus dem Geschlecht der Walpoten gehörte, war deren Stammsitz. Als führenden Beamten des Königs und der Schweinfurter Markgrafen oblag ihnen die Rechtsprechung. Eine andere Aufgabe war die Sicherung der Verkehrswege über die fränkischen Mittelgebirge. Der eine führte von Nürnberg nach Krakau – hier wurden Rinder und Stoffe transportiert –, der andere war die Salzstraße, über die von Oberbayern aus Norddeutschland beliefert wurde.

Burg Zwernitz mit dem mächtigen Bergfried von Südosten

Der Bauplatz für die wohl kurz vor 1156 errichtete Burg war unter strategischen Gesichtspunkten auf einem mächtigen Dolomitfelsen gewählt, der nur von Südosten zugänglich ist. Die Burg war so nicht nur schwer einzunehmen, sondern man konnte von dem Bergfried aus auch das weite Umland überblicken. Die noch in situ liegenden stauferzeitlichen Buckelsteinquader zeigen, dass die Burg immer schon die gleiche Ausdehnung wie heute hatte. Der Hof war aber zumindest teilweise überbaut.

DIE HOHENZOLLERN KOMMEN NACH FRANKEN

Der politische Aufstieg der Grafen von Andechs als Erben der Schweinfurter Markgrafen beschnitt die Macht der Walpoten und leitete deren Niedergang ein. Ihr Besitz ging an die Andechs-Meranier über, die bald schon im Mannesstamm erloschen. Ihre Erben waren die Grafen von Orlamünde. Aber schon 1290 mussten sie aus finanziellen Gründen die Burg samt ihrer Besitztümer an Burggraf Friedrich von Nürnberg aus dem Hause Hohenzollern, das damals an Besitz und Rang in raschem Aufstieg begriffen war, für 400 Freiberger Silbermark veräußern. 530 Jahre blieb die Zwernitz im Besitz der Hohenzollern, bis das vormalige Markgraftum Brandenburg-Bayreuth im Jahre 1810 endgültig an Bayern fiel. Anders als die 1338 geerbte Plassenburg, die zur Residenz und bedeutendsten Festung des markgräflichen Oberlands aufstieg, wurde die Zwernitz alsbald verpfändet. Aus dem 15. Jahrhundert wissen wir, dass die Amtmänner eine Amtsbürgschaft leisteten und dafür das anvertraute Amt als Pfand erhielten. Dafür verpflichteten sich die zunächst meist adeligen Amtmänner, auf der Burg zu residieren und sie baulich zu unterhalten. Ihre Aufgabe war es, die Rechte der Hohenzollern-Markgrafen durchzusetzen, Steuern einzusammeln und die Untertanen zu beschützen. Auch oblag ihnen die niedere Gerichtsbarkeit. In der zweiten Hälfte des 16. Jahrhunderts trat ein Wandel ein: Markgraf Georg Friedrich hatte »befunden, dass die unadelichen, die Schreiber, die besten und nützlichsten wären und dazu die geringste Besoldung nähmen.«

KRIEGSWIRREN, BRÄNDE, SCHLEIFUNGEN

Auch wenn die Burg nur ein zollernscher Amtssitz war, schlugen die geschichtlichen Ereignisse doch massive Wunden. Eine erste überlieferte Bedrohung ergab sich im Zuge der Hussitenkriege, nachdem der tschechische Reformator Jan Hus auf Beschluss des Konzils von Konstanz 1415 als Ketzer verbrannt wurde. Seit 1427 führten seine Anhänger, die Hussiten, verheerende Raubzüge in Böhmens Nachbarländer durch, 1430 lagerten sie vor der Burg Zwernitz. Im Auftrag des bedrohten Bamberger Hochstifts erreichte am 6. Februar Burggraf Friedrich VI. von Nürnberg (als Kurfürst und Markgraf von Brandenburg

DIE HOHENZOLLERN IN FRANKEN

Die Hohenzollern, die zu den ältesten und bedeutendsten Hochadelsgeschlechtern in Deutschland zählen, tragen den Namen ihres schwäbischen Stammsitzes in der Nähe von Hechingen. 1192 wurde Graf Friedrich III. mit der Burggrafschaft Nürnberg belehnt. Durch Erbschaften und Zukäufe schufen seine Nachkommen zwischen 1260 und 1340 eine eigene reichsunmittelbare Herrschaft in Franken. Aus ihr gingen die beiden Markgraftümer Ansbach und Bayreuth hervor. 1415/17 gelangten sie in den erblichen Besitz der Mark Brandenburg. 1525 dehnten die Hohenzollern ihre Herrschaft auf das neu geschaffene Herzogtum Preußen aus. Am 18. Januar 1701 krönte sich Kurfürst Friedrich III. im Königsberger Schloss zum König Friedrich I. in Preußen. Das neue Königreich wurde im 18. Jahrhundert unter Friedrich dem Großen eine führende Großmacht in Europa. Von 1871 bis 1918 stellten die Hohenzollern die deutschen Kaiser.

»Der Reichtum des Markgraftums Bayreuth«, Ausschnitt aus einer Landkarte von Johann Adam Riediger, gestochen von Tobias Konrad Lotter, 1750

Friedrich I.), dass der geniale Heerführer Andreas Prokop gegen ein exorbitantes Lösegeld von 21000 Gulden die Region und die Bischofsstadt schonte. Er zog daraufhin nach Nürnberg, wo er noch einmal 12 000 Gulden erhielt. Zum Dank dafür stiftete der Kurfürst 1439 eine Ewigmesse in der seit 1421 bezeugten Burgkapelle St. Georg und St. Nikolaus auf der Zwernitz.

Die Unsicherheit jener Zeit bewirkte, dass der Bergfried 1498 in das markgräfliche Signalsystem einbezogen wurde. Über zwei weitere Warttürme bis hin zur Plassenburg konnte man innerhalb kurzer Zeit mittels Rauch- oder Feuerzeichen vor Feinden warnen oder Hilfe herbeiholen. Wahrscheinlich entstand damals auch die ausgedehnte Vorburg, die zahlreiche Wohn- und Nebengebäude enthielt und von einer Außenmauer mit drei Halbrondellen umgeben war.

Oben: Durchgang zum Waffengang mit dem Umbaudatum 1550

Links: Kapellenhof mit Bergfried

Nach einem relativ ruhigen halben Jahrhundert ließ Markgraf Albrecht Alcibiades von Brandenburg-Kulmbach die Burg den gehobenen Wohnbedürfnissen der Renaissance anpassen, wie ein Schlussstein mit der Jahreszahl 1550 belegt. Allerdings wurde die Burg nur drei Jahre später im Zweiten Markgrafenkrieg (1552–1555, auch Bundesständischer Krieg genannt) von Nürnberg erobert und in Teilen niedergebrannt. Ausgrabungen förderten im Bergfried eine mehrere Meter hohe Brandschicht zutage, die sich aufgrund von Scherben in diese Jahre datieren lässt. Drei Skelette dürften von gefallenen Soldaten stammen. In diesem Krieg versuchte der machthungrige Markgraf, das alte zollernsche Ziel zu erreichen, gegen die Reichsstadt Nürnberg und die Hochstifte Bamberg

Der barocke Dachboden des Hauptgebäudes der Burg

und Würzburg in Franken die Vormacht zu erringen. Während Albrecht Alcibiades die ebenfalls durch Feuer schwer beschädigte Plassenburg als Regierungssitz schon bald erneuerte, erhielt die Zwernitz, die zunächst von den Gegnern des geschlagenen und geächteten Markgrafen verwaltet wurde, 1570 lediglich einen neuen Dachstuhl.
Ein zweites Mal niedergebrannt wurde die Zwernitz 1634 im Dreißigjährigen Krieg (1618–1648). Dass dies auf Anordnung des Markgrafen Christian von Bayreuth geschah, damit die Burg, die schon zwei Jahre vorher von kaiserlichen Reitern unter de Grana geplündert worden war, seinen Feinden nicht als Stützpunkt dienen könne, könnte eine Legende sein. Dank der Neutralitätspolitik Christians war das Markgraftum Bayreuth zwar bis 1630 von Kriegshandlungen weitgehend verschont geblieben, doch wurde das Land danach Schauplatz zahlreicher Belagerungen und Kämpfe, bei denen etwa die Hälfte der Bevölkerung ums Leben kam.

UNTERKUNFT FÜR JAGDGESELLSCHAFTEN

Aufgrund der entwickelten Waffentechnik hatte die Burg im 17. Jahrhundert ihre Bedeutung als Wehrbau weitgehend verloren. Nur vor marodierenden Banden, nicht aber vor Kriegsheeren konnte sie der Bevölkerung Schutz bieten. Die Burg wurde aber nicht wie viele andere dem Verfall preisgegeben, da sie noch als Amtsgebäude und Unterkunft für Jagdgesellschaften diente. Ab 1661 veranlasste Markgraf Christian Ernst die Sanierung des maroden Gebäudes. Wieder einmal wurde der Dachstuhl erneuert, der noch heute existiert und ein Musterbeispiel barocker Zimmermannskunst ist. 250 Baumstämme und 12 000 Schindeln wurden dafür benötigt. Sodann wurden verschiedene Wehrmauern ertüchtigt.
Um den gewachsenen Anforderungen der Verwaltung gerecht zu werden, wurde 1721 mit dem Bau eines neuen

Amtshauses am Fuße der Burg begonnen. Nachdem von der Burg zentnerschwere Steine herabgestürzt waren, ergriff Markgraf Georg Friedrich Karl um 1732 die Initiative zu umfassenden Reparaturen. Die Dächer der Burg wurden nach Plänen des Hofbaumeisters Johann David Räntz instand gesetzt und aus dem über 20 Kilometer entfernten Steinbruch in Oberwaiz wurden mit Ochsenkarren 200 Sandsteinquader angeliefert, um den Bergfried zu sanieren. Da er nun nicht mehr als Warte zu dienen hatte, wurde ihm eine Turmstube aufgesetzt, die einen kilometerweiten Rundblick über den Naturpark Fränkische Schweiz erlaubt.
Kurze Zeit darauf übernahm Markgraf Friedrich die Regierung. Wenn er hier seiner Jagdpassion frönte, diente ihm die Burg als Quartier und Pferdestall. So wurden 1736 18 Reitpferde für den Markgrafen untergebracht. Mit der Anlage des Felsengartens ab 1745 fand auch die Burg wieder eine Aufwertung als historischer Point de Vue, also als Blickfang, für die im Morgenländischen Bau versammelte Hofgesellschaft. Eine Turmuhr wurde 1747 installiert, dazu wurden am 16. Februar zwei Glocken beauftragt, die heute noch die Stunden schlagen. Vier Kanonen sollten dem Schönhof ritterliches Aussehen geben. Umfangreiche Arbeiten wurden von 1754 bis 1756 durchgeführt, obwohl gerade in dieser Zeit der Staatshaushalt durch den gleichzeitigen Bau des neuen Residenzschlosses in Bayreuth stark beansprucht war.
Alexander, der letzte Markgraf von Ansbach-Bayreuth, hat sich kaum für die Burg interessiert, wohl aber für den Felsenhain, in dem er eine Kapelle errichten ließ. Unter preußischer Herrschaft versuchte man Kosten zu sparen, wo es nur ging, sodass baufällige Gebäudeteile abgetragen wurden: 1793 verschwanden die zweite Ringmauer und das Rondell am Äußeren Burgtor; in bayerischer Zeit folgten zahlreiche weitere Abbrucharbeiten in allen Bereichen (Amtshaus u. a.).

DIE ENTDECKUNG DES FELSENHAINS

Die besondere Poesie des Felsenhains wurde schon früh wahrgenommen. Es war der 1565 in Wonsees geborene Humanist Friedrich Taubmann, der dem Hain ein ausführliches Gedicht gewidmet hat. Ihm war der zündende Einfall gekommen, die Felsen den Stationen von Telemachs Reise zuzuordnen. An sich eine Gelegenheitsarbeit gewinnt sie durch die Person Taubmanns doch an Gewicht. Taubmanus, wie er sich in seiner Wahlheimat Wittenberg nannte, veröffentlichte 17-jährig eine Sammlung lateinischer Gedichte, für die er von Kaiser Rudolf II. zum Poeta laureatus mit einem golddurchwirkten Lorbeerkranz gekrönt wurde. 1604 erschien dann das Gedicht über den Felsenhain.

DIE ANLAGE DES GARTENS UND DER MORGENLÄNDISCHE BAU

Mit der Anlage des Gartens begann man im Frühjahr 1744 auf Anordnung des Markgrafen Friedrich von Bayreuth. Abgesehen von der »großen Hütten auf dem Felß« ließ er vor allem eine jagdliche Infrastruktur mit »Fasanenhütten, Streuhütten und Wildraufen für die Wildkälber« anlegen. Die weitere Ausgestaltung des Felsengartens ist der Markgräfin Wilhelmine zuzuschreiben. Dies bezeugt nicht zuletzt das Gedicht des Marcus Friedrich Hedenus von 1748: »Hier half die gütige Natur ... / Sophiens Forschen auf die Spur / Die weise Füstinn fand den Wald / Im Kleinen eben so gestalt / Wie Telemachs und Mentors Reisen ...«
Im Übrigen war die Markgräfin nicht erst 1745, sondern mit großer Wahrscheinlichkeit schon im Frühjahr 1744 auf der Burg Zwernitz, da der Burgverwalter am 17. April dieses Jahres den Empfang von Möbeln aus dem Bayreuther Schloss bestätigt, darunter Betten für das Markgrafenpaar. Ende 1744 stand das Referentenhaus, das

Blick aus der Kalypsogrotte auf das Ruinentheater

Holzstoßhäuschen und das Belvedere, 1745 kaufte man weitere Wiesen auf und beschaffte Bauholz. Joseph Saint-Pierre, der als Bayreuther Hofarchitekt zugleich mit dem Bau des Markgräflichen Opernhauses die Maßnahme leitete, berechnete Anfang 1745 die benötigten »11 528 Stück Anspann«, im März forderte er Sprengpulver an und im April 1745 wurde mit dem Bau des »Herrschaftlichen Schlosses« und der »zwey fürderen Häuser« (Burg- und Markgrafenhaus) begonnen. Bauführer vor Ort war ein Gottfried Fuchshofer. Am 28. April berechnete Saint-Pierre den Bedarf von 5 000 Schindeln für »zwei neue Häuslein«, womit die Wohnungen des Markgrafenpaars gemeint sein könnten. Diesem konnte alles nicht schnell genug gehen, denn am 30. April befahl Friedrich, den Bau zu beschleunigen. Am 21. August versicherte Saint-Pierre, dass die beiden neuen Häuslein in Zwernitz als auch das »andere auf der Eremittage angefangene neue Gebäude« – womit wohl der Morgenländische Bau gemeint ist – noch 1745 fertiggestellt würden. Im Oktober 1746 konnte der Morgenländische Bau provisorisch winterfest gemacht und im Jahr darauf mit Schiefer eingedeckt werden.

Mit dem Ruinen- und Grottentheater wurde 1746 begonnen. Auf die für jeden Garten des 18. Jahrhunderts obligate Wasserkunst musste man nach vergeblichen Anstrengungen verzichten, da in der nur leicht hügeligen Gegend Regenwasser schnell in dem porösen Karstgestein in tiefere Schichten abfloss. Seit dem 13. September 1746 hieß der Ort auf Ordre des Markgrafen nicht mehr Zwernitz, sondern Sanspareil. Die Burg wurde Altes Schloss, der Morgenländische Bau Neues Schloss genannt.

Höfische Besucher des Ruinentheaters, Ausschnitt aus einem Kupferstich von Johann Thomas Köppel, 1748 (s. S. 114)

Über die gärtnerischen Arbeiten liegen nur wenige historische Quellen vor. Nach zweijähriger Arbeit war die Anlage aber weitgehend vollendet, was auch die erste Stichserie von 1747/48 erkennen lässt. Da der Baumbestand bereits vorhanden war, wird man nur den noch nicht ausgewachsenen Hecken im östlichen Teil angesehen haben, dass sie erst unlängst gepflanzt worden waren.

Die Stichserie Johann Thomas Köppels entstand, als überall noch gearbeitet wurde. Sie wurde im September 1747 begonnen, kam im Jahr darauf heraus und zeigte die Schlossanlage in fünf Stichen. Sie dokumentiert die Örtlichkeiten mit flanierenden Hofleuten, als wären die ursprünglich geplanten Hochzeitsfeierlichkeiten gerade im

Gange. Die erste rühmende Veröffentlichung über den Felsengarten erschien ebenfalls 1748. Das panegyrische Gedicht des Wonseer Pastors Marcus Friedrich Hedenus trägt die Druckerlaubnis des Konsistoriums, der obersten kirchlichen Verwaltungsbehörde, dem der Fürst vorstand. Es wird sichtbar, dass man alle Register zog, um die Gäste in entzücktes Staunen zu versetzen. Das Bestreben eines jeden Fürsten, der baute oder einen Park anlegen ließ, war, etwas Neues, noch nie Dagewesenes zu schaffen und dabei doch nicht die traditionellen Erfordernisse infrage zu stellen. Im Falle von Sanspareil ist das dem Markgrafenpaar in höchstem Maße geglückt. Wilhelmine und Friedrich hätten sich mit diesem Triumph der Fantasie als »Schöpfer« einer noch nie geschauten Welt präsentieren können. Und dann fand der Jagdausflug nach Sanspareil nicht statt. Man wüsste zu gerne die Gründe.
In den folgenden Jahren wurde es ruhig um Sanspareil. Immer wieder wurden Reparaturen angemahnt, die aber wohl meist auf die lange Bank geschoben wurden. So wird 1749 gemeldet, dass das Amtsgebäude baufällig sei. Vom 28. August datiert eine ausführlichere Schadensmeldung zum Morgenländischen Bau. Das Dach sei nicht dicht und die Deckenbalken deshalb verfault. Putz sei von den Wänden gefallen und der Deckenstuck sei in Mitleidenschaft gezogen. Es drohe Einsturzgefahr. Auch die seitlichen Gebäude seien schwer beschädigt. Offensichtlich wurde Sanspareil nur noch gelegentlich für Jagdausflüge genutzt. Mit der Holzlieferung für Reparaturen wurde bis 1761 gewartet, aber 1764 ist die Durchführung der Reparatur immer noch angeordnet. Erst unter Markgraf Alexander von Ansbach wendeten sich die Dinge zum Besseren. Er fügte einige Staffagegebäude hinzu und führte längst notwendige Reparaturen etwa am Dach des Morgenländischen Baus durch, ohne dass die Anlage grundsätzlich verändert worden wäre.

SANSPAREIL VOM 19. JAHRHUNDERT BIS IN DIE HEUTIGE ZEIT

1810 fielen Burg und Garten mit dem ehemaligen Markgraftum Bayreuth an das Königreich Bayern. Wie in der Eremitage bei Bayreuth, so erneuerte Herzog Pius in Bayern, der zunächst im nahen Bamberg und danach in Bayreuth lebte, auch in Sanspareil vorübergehend den Gedanken der Eremitage. Eine Neueinrichtung von Schloss und Burg kam dadurch aber nicht zustande. Ein Inventar von 1816 besagt, dass im Morgenländischen Bau lediglich eine Reihe Stühle stand, und für die Burg heißt es: »Nichts«. Auch Königin Marie von Bayern besichtigte den Felsenhain. Auf Befehl König Ludwigs I. von Bayern durften in der Anlage »nur gänzlich abgestorbene oder vom Wind geworfene Bäume genutzt werden«. Die königliche Verfügung betraf aber nicht den Erhalt der Gebäude, die in den 1830er-Jahren mehr und mehr verfielen. 1830 warf ein Blitz den Aeolustempel vom Felsengipfel, 1832 wurden der Küchenbau, der hölzerne Tanzsaal und das »Eisen- und Blechwerk« des Aeolustempels verkauft. 1835 brach man wegen Baufälligkeit das Belvedere ab, 1839 die beiden Kavaliersgebäude, das Burggrafen- und Markgrafenhaus, die Kapelle sowie das Referenten-, das Holzstoß- und das Dianahaus.

1942 kamen Burg und Felsengarten an die Bayerische Verwaltung der staatlichen Schlösser, Gärten und Seen, die 1951 den Garten und dann auch den Morgenländischen Bau (Schlösschen Hainbau) instand setzte und 1956 der Öffentlichkeit übergab. Das Parterre vor dem Morgenländischen Bau wurde 1987 nach dem Stich von Johann Thomas Köppel aus dem Jahr 1748 wiederhergestellt. Seit 2011 dokumentiert eine Dauerausstellung auf der Burg Zwernitz die Geschichte der Jagd der Bayreuther und Ansbacher Hohenzollern im 18. Jahrhundert.

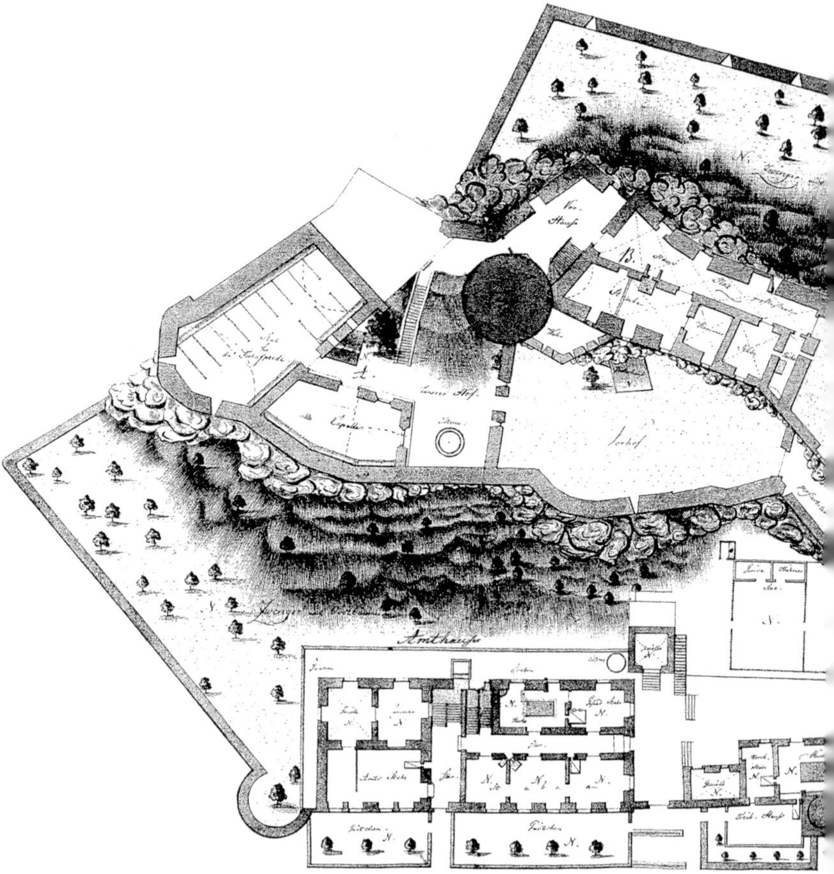

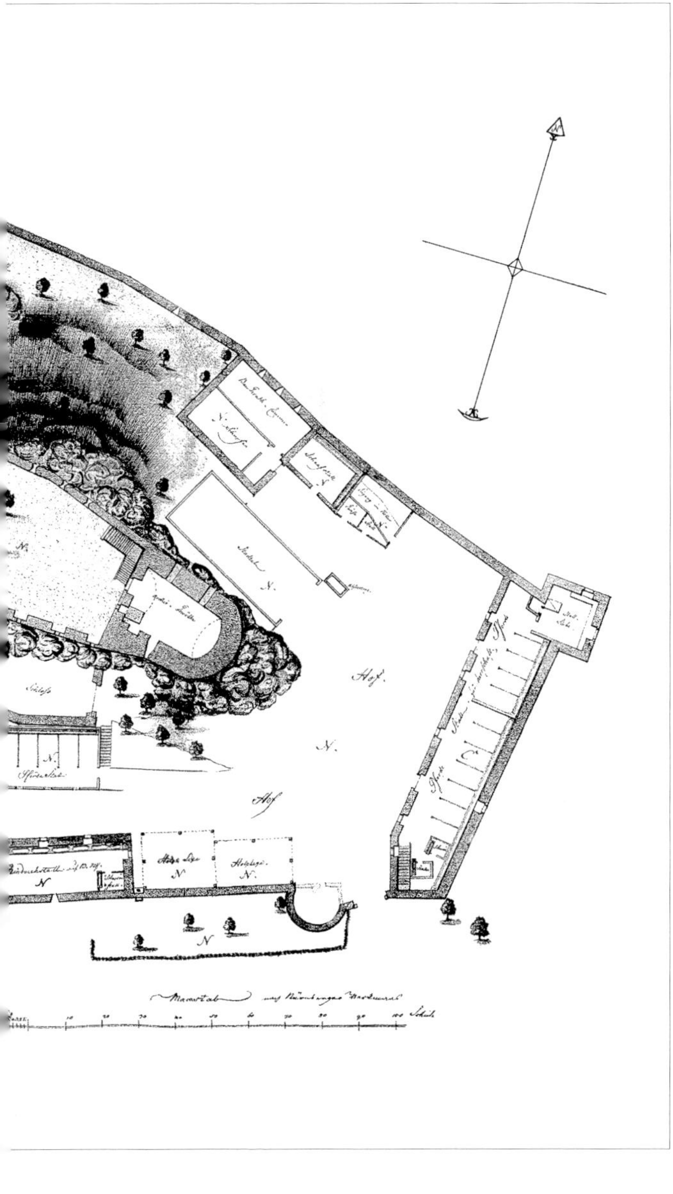

Grundriss der Burganlage Zwernitz, Tuschezeichnung von G. C. Feiler, 1798 (Historisches Museum, Bayreuth)

Markgraf Alexander von Ansbach-Bayreuth, Ausschnitt aus dem Gemälde von Johann Heinrich Wilhelm Tischbein, um 1790 (Graf und Gräfin Christoph Douglas)

UNERWARTETER NACHRUHM

Sanspareil entwickelte sich zeitlebens nicht zu einem der bevorzugten Sitze von Wilhelmine und Friedrich. Ihre Interessen gingen in andere Richtungen. Wilhelmine konzentrierte sich nach der Fertigstellung von Sanspareil auf den Ausbau der Eremitage, wo sie die Gartenanlagen in mehreren Schritten erweiterte und noch ein Orangerieschloss erbaute. Auch nahmen sie die Vollendung des Markgräflichen Opernhauses und die Planung großer Operninszenierungen ganz in Anspruch. Ende 1753 war sie zudem wesentlich an der Planung des Neuen Schlosses beteiligt, und im Jahr darauf machte sich das Markgrafenpaar mit großem Tross auf eine mehrmonatige Italienreise. Da die

Gegend eher arm an Wild war, zog es auch Friedrich nicht so häufig nach Sanspareil. Der begeisterte Jäger bevorzugte das Fichtelgebirge, an dessen Westrand sich der Jagdsitz Kaiserhammer befand, den er in späteren Jahren zu einer großartigen Parforcejagd mit zwei Jagdsternen und einem geräumigen Schloss ausbauen ließ. Sanspareil verwaiste mehr und mehr. Allfällige Reparaturen am Morgenländischen Bau wurden lange hinausgezögert, wodurch sich bis heute sichtbare Schäden am Deckenstuck gebildet haben. Als 1751 in Zedlers monumentalem Universallexikon ein relativ ausführlicher Artikel über »Zwernitz« erschien, fand Sanspareil keine Erwähnung. Die Kenntnis von der Anlage hatte sich nicht verbreitet.

Erst in den 1760er-Jahren fand Sanspareil Aufmerksamkeit. Nach dem Scheitern ihrer Ehe mit Herzog Carl Eugen war Friederike 1756 in ihre Heimat zurückgekehrt. 1765 bezog sie in Donndorf ein Schloss zwischen Bayreuth und Sanspareil, das sie programmatisch Fantaisie nannte. Von dort machte sie Ausflüge an den Ort, der anlässlich ihrer Heirat eine so große Rolle hätte spielen sollen. Es wird berichtet, dass sie sich dann in das Strohhaus zurückzog und dort im Schatten des breiten Dachs las. Von Sanspareil hat sie zahlreiche Anregungen für die Gestaltung ihres Schlosses Fantaisie mitgenommen.

Auch ihr Cousin Alexander, der 1769 in Personalunion der letzte Markgraf von Ansbach und Bayreuth wurde, begeisterte sich für den Ort. Er führte nicht nur zahlreiche Restaurierungen durch, wobei er auch das Dach des Morgenländischen Baus zur Beseitigung von konstruktiven Mängeln veränderte, sondern er ließ weitere Staffagebauten errichten. Für die hintergründigen Garteninszenierungen der Wilhelmine hat er wohl weniger Verständnis aufgebracht. Dem Zeitgeist der aufkeimenden Romantik folgend, sprach die poetische Landschaftssituation als Buch, in dem sich Gott als Schöpfer offenbart, Alexanders religiöses Gefühl an.

Kalypsogrotte, Pinselzeichnung von Johann Christian Reinhart, 1786 (Kunsthandel, London)

Erst unter diesen Vorzeichen wurde Sanspareil populär. Sprechender Ausdruck dafür war die Kupferstichsammlung, die Johann Gottfried Köppel 1793 knapp 50 Jahre nach der ersten Ausgabe seines Vaters Johann Thomas veröffentlichte. Es sind 13 prachtvolle Darstellungen, die nun auch die Naturdenkmale zeigen. Jede Szenerie ist von Menschen bevölkert, die staunend die Felsen und die übrigen Sehenswürdigkeiten betrachten. Im Vorwort seiner Stichsammlung schreibt Köppel, dass »… zu Sanspareil … wahre romantische und natürliche Gegenstände anzutreffen sind. Ein Buchenhayn, in welchem ungeheuere Felsenklumpen zerstreut und in einer zwanglosen Unordnung umherliegen – bald wie abgerissene Trümmer, bald wie Pfeiler empor streben, mit denen die ganze Anlage, selbst die Schlossgebäude, auf das genaueste harmoniren, überrascht den Wanderer und stimmt seine Seele auf einmal zu einem gewissen ruhigen Vergnügen.«
Kurz darauf veröffentlichte 1796 Heinrich Zschokke ein fast 300 Seiten starkes Buch mit dem Titel »Arkadien, oder Gemälde nach der Natur, gesammelt auf einer Reise von Berlin nach Rom«, in dem der Schriftsteller und liberale Politiker eine gefühlvolle Überhöhung des Hains und Telemachs im Stil der Zeit entwirft. Viele bekannte Namen ließen sich noch nennen, die von ihrer Begeisterung für Sanspareil berichteten, allen voran Ludwig Tieck und Wilhelm Heinrich Wackenroder.
Zum Zeitpunkt der Veröffentlichung von Johann Gottfried Köppels Kupferstichen war Sanspareil ein Ausflugsziel geworden. Ein Gästebuch aus der nahen Gastwirtschaft, das sich bis heute erhalten hat, dokumentiert die Vielzahl der Besucher und gibt Einblick in ihre Empfindungen. Das ganze 19. Jahrhundert über sind sie von religiöser Ergriffenheit dominiert, so wie in einem Gedicht, das der aus Bayreuth stammende Generalfeldmarschall und Geodät Wilhelm von Krauseneck 1799 verfasst hat: »Natur! Natur! o welch ein Blick! / Wie hoch entzückst du mich!

/ Zurück, o Kunst! – Dein Meisterstück / Ist nur ein Pinselstrich. / … / Gott! Gott! – im Schauer dieses Hains, / In dieser Grotten Pracht / Fühl ich die Wahrheit deines Seins, / Die Größe deiner Macht!«

Erkennbar wird, dass seit dem Ende des 18. Jahrhunderts die Staffagebauten weitgehend unerwähnt bleiben. Sie werden gelegentlich sogar mit abfälligen Kommentaren bedacht. Wenn ein Künstler den Weg nach Sanspareil fand, konnte es passieren, dass er den Felsen der Kalypsogrotte malte, das Ruinentheater als irritierendes Element in einer erhabenen Natur aber einfach wegließ, so auf einer zauberhaften Pinselzeichnung von 1786 des aus Hof gebürtigen Johann Christian Reinhart; drei Jahre später ging er nach Rom, wo er zum Kreis der Deutschrömer gehörte und eine »Sammlung malerisch radierter Landschaften« veröffentlichte, die vorwiegend Grotten zeigen – ein Lieblingsmotiv der Romantik.

Nächste Doppelseite: Burg Zwernitz mit dem ehemaligen Amtsgebäude von Süden, Kupferstich von Johann Friedrich Volckart nach Johann Gottfried Köppel, 1748

Im Vorwort zu Zschokkes »Gemälden nach der Natur« klingt die Faszination an, die Sanspareil auf die Menschen damals ausübte: »Der hier befindliche Hain, von colossalischen Felsmassen unterbrochen, in welchen sich die schönsten Grotten wölben, ist der Wallfahrtsort der Franken geworden.« Doch nicht nur in Franken, deutschlandweit griff in den folgenden Jahrzehnten eine romantische Begeisterung für die Fränkische Schweiz um sich, an deren nördlichem Rand Sanspareil liegt. Die ganze Region mit ihrem reichen Bestand von annähernd 20 Burgen, die wie die Zwernitz meist auf steilen Felsgipfeln thronen, mutierte zum »Schlupfwinkel des deutschen Gemüts«.

Bis heute hat Sanspareil nichts von seiner inspirierenden Aura eingebüßt. So lässt der 1961 geborene Autor Wolfram Fleischauer in seinem Roman »Das Buch, in dem die Welt verschwand« ein Kapitel im Jahr 1779 im Strohhaus von Sanspareil spielen, wo der Geheimorden der Rosenkreuzer eine Maschine zum Sammeln von Sternschnuppenstaub installiert hat.

Die Burg Zwernitz

Südliche Vorburg mit Ringmauer und Unterem Tor

Die Burg Zwernitz gliedert sich in die Hoch- und Niederburg sowie in die Vorburg bzw. den Zwinger. Die Hochburg nimmt das schmale, linsenförmige Plateau der Kalksteinklippe ein, die ebenso schmale, keilförmige Niederburg die abfallende Südterrasse des von Westen nach Osten verlaufenden Burgfelsens. Die Niederburg entwickelt sich daher auf tieferem Niveau parallel, aber gegenläufig zur Hochburg. Diese überlegte Disposition, die in optimaler Weise die Gegebenheiten des Geländes nutzt, war in der damaligen Kampftechnik begründet. Man hatte dadurch von der Hochburg freie Schusslinie auf das gesamte Vorfeld. Außerdem war der Gegner von vornherein gezwungen, unter taktisch ungünstigen Bedingungen anzugreifen, da er dem Verteidiger die ungeschützte Schwertseite darbot.

Der ehemalige Zwinger mit der äußeren Ringmauer umgab die Hoch- und Niederburg nur im Norden, Süden und Osten, der Hauptangriffsseite. Drei Rundtürme bzw. Halbrondells verstärkten die Vorburg, von denen zwei auf der gefährdeten Ostseite lagen: Das eine Halbrondell flankierte das Äußere Burgtor, das zweite lag im Nordosteck der Ringmauer hinter dem heutigen Gehöft am Fuße des überhängenden östlichen Burgfelsens; das dritte am südwestlichen Knie der Ringmauer, die von da an zur Felsenterrasse der Niederburg zurückkehrte. Nur die steil abfallende westliche Schmalseite der Felsenklippe wurde von der Vorburg ausgespart. Hoch- und Niederburg standen an dieser Stelle frei über dem Felsenabfall. Die Hochburg bot sich hier mit der schmalen Stirnfront dar, die Niederburg mit einem direkt über der Felsenkante aufragenden

Oben: Ehemaliger herrschaftlicher Stall neben dem Äußeren Burgtor (heute Besucherzentrum)

Rechts oben: Unteres Tor
Rechts unten: Blick auf den Vorhof (oben) und den Kapellenhof

Trakt (heute Hirschkopfbau) als hoher, fensterloser Querriegel. Sowohl nach außen ins Freie als auch nach innen gegen den oberen Burghof ergaben sich trichterförmige Höfe mit konzentrischer Feuerwirkung. Eine Burg wie die Zwernitz konnte nur in mehreren Etappen erobert werden. War der Mauerring des Zwingers überwunden, hatte der Eindringling keinen Schutz. Gebäude, die ihm als Deckung hätten dienen können, existierten hier nicht.

Den Burgbezirk betritt man im Südosten durch das Äußere Burgtor der ehemaligen Vorburg, unmittelbar neben dem Bauerngehöft am Fuße des Burgfelsens. Das Halbrondell, das ursprünglich das Äußere Burgtor flankierte, ist so wenig erhalten wie der größte Teil des Zwingers, der sich von hier nach Westen längs der Straße mit der äußeren Ringmauer fortsetzte. Das ehemalige Gebäude des »herrschaftlichen Stalls«, das im Osten hinter der Befestigungsmauer lag, wurde nach einer zeitweisen Nutzung als Kleinbauernhof 2011 zu einem modernen Besucherzentrum umgebaut.

In die Niederburg führt von der Vorburg das Untere Tor (2), das Schießscharten aufweist und mit dem vermutlich 1744/48 angebrachten Wappen des Markgrafen Friedrich von Bayreuth bekrönt ist. Heute zerfällt die Niederburg in den schmalen, hohlwegartigen Vorhof (3) und den Kapellenhof (5). Die ursprüngliche Situation war jedoch anders: Das Niveau des Vorhofs lag etwas tiefer, im oberen Bereich mehr als im unteren. Die ursprüngliche Pflasterung aus unterschiedlich großen Steinen mit Fahrrillen hat sich unter dem heutigen Belag erhalten. Den Beginn des Auffahrtswegs füllte ein Torhaus aus, dessen Aborterker auf der südlichen Außenmauer noch existiert. Es ist fraglich, ob das Obere Tor (4) den alten Eingang zum Kapellenhof darstellt. Noch im 19. Jahrhundert lehnte sich jedenfalls an den Fuß des Bergfrieds (8) ein gedrungener, turmartiger Bau, dessen Zinnen von der Hochburg aus durch einen Gang in halber Höhe des gewachsenen Felsens besetzt werden konnten. Dass auch das Niveau des Kapellenhofs ursprünglich niedriger lag, bezeugen die verschütteten Schießscharten, die nur außen noch zur Gänze sichtbar sind.

Kapellenhof mit der kräftigen Wehrmauer

Der Kapellenhof war einst durch ein drittes Tor unterteilt. Der nördliche Anschluss ist am Bergfried zu erkennen. Nach Süden hin, längs des Felsenabfalls, begrenzen den Kapellenhof eine Wehrmauer und der sogenannte Kapellenbau (6). Die kräftige Mauer hatte, wie einige Kragsteine beweisen, einen hölzernen Wehrgang, der über Stufen vom Kapellenbau aus zugänglich war. Die einfachen Spitzbögen der Türe und der Fenster im steinernen Sockelgeschoss des Kapellenbaus lassen vermuten, dass an dieser Stelle die seit 1421 bezeugte Burgkapelle St. Georg und St. Nikolaus gestanden hat. Burgkapellen lagen oft in der Nähe des Tors, um sich des göttlichen Schutzes an der besonders gefährdeten Stelle der Burg zu vergewissern. 1528 wurde die Kapelle im Zuge der Reformation profaniert,

danach als Pferdestall und Tretmühle genutzt. Die Fledermausgauben belegen, dass das Fachwerkgeschoss hier wie beim angrenzenden Hirschkopfbau neuzeitlich ist.
Der Hirschkopfbau (7) erhebt sich über starken Mauern, die im Erdgeschoss einen geräumigen Raum umschließen. Im Südwesten ist er rondellartig ausgebuchtet. Anstelle ehemaliger Schießscharten öffnen sich tiefe Nischenfenster in der Ringmauer ins Freie. Diente der Raum ursprünglich als Lager oder Stall, wurde er später möglicherweise zum überlieferten »Fürstensaal« ausgebaut. Heute als Steinsaal

Steinsaal im Hirschkopfbau

bezeichnet, kann er für Veranstaltungen angemietet werden. Bevor das Fachwerkgeschoss errichtet wurde, existierte hier wohl eine offene oder nur leicht überdachte Freifläche, die mit ihren Schießscharten der Verteidigung diente. Später könnten hier die »vielen herrlichen Zimmern« der Burg gelegen haben. Die Innenräume wurden im 18., 19. und zuletzt im 20. Jahrhundert mehrfach verändert und neu ausgestattet.
Neben dem Kapellenbau lag der Zisternenbrunnen, der einzige Wasservorrat der Burg, der im Falle eines Brandes zum Löschen hätte ausreichen müssen. Er war laut einer Nachricht von 1692 »rund, weit und tief«. Da die Burg keinen Schachtbrunnen besaß, musste in der wasserarmen Gegend des fränkischen Jura Regenwasser gesammelt werden.

Oben: Der Bergfried mit stauferzeitlichem Buckelquaderwerk mit späteren Ausbesserungen (links) und ein Querschnitt durch die Mauer

Rechts: Querschnitt durch den Bergfried und das angrenzende Gebäude

Der Bergfried (8) überhöhte die Nahtstelle am Zusammenstoß der Hoch- und Niederburg und verband wie ein Gelenk beide Teile. Bergfriede waren weithin sichtbare Machtsymbole und Zeichen der Wehrhaftigkeit. Praktisch dienten sie der Beobachtung der Umgebung, waren sichere Verwahrungsorte für Wertgegenstände und dienten zuweilen als Gefängnis. Als Zufluchtsort waren sie wohl nur in Notfällen vorgesehen, da das Innere keinen Platz für einen längeren Aufenthalt mehrerer Personen bot.
Der Bergfried der Zwernitz entspricht mit einem Durchmesser von 7,5 Metern und einer Höhe von 31 Metern den üblichen Maßen spätromanischer Türme. Ursprünglich stand dieser historisch und architektonisch bedeutendste Teilbau der Burg frei auf einem gewachsenen Felsensockel. Nur die unteren zwei Drittel des Bergfrieds stammen noch aus der Zeit der Walpoten (um 1150). Aus dem prachtvollen Mauerwerk mit Buckelquadern aus Kalkstein spricht der monumentale Geist der staufischen Kunst

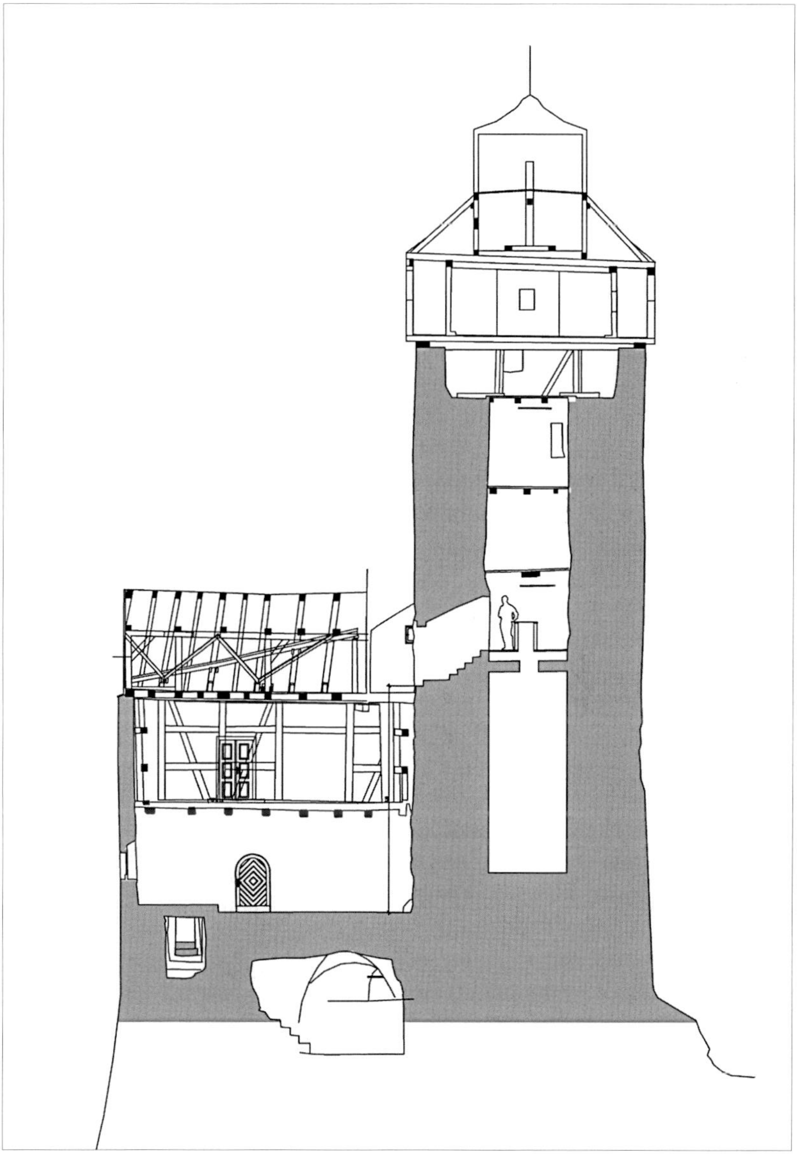

Vorhergehende Doppelseite: Blick vom Bergfried nach Osten zum Morgenländischen Bau, rechts der Zschokkefelsen

in charakteristischer Weise. Der fugendicht starrende Panzer der erhaltenen Mauer versinnbildlicht stolze Wehrhaftigkeit; aus Sicherheitsgründen hatten Bergfriede nur wenige schmale Lichtschlitze. Der obere Teil des Turms ist in nachmittelalterlicher Zeit, in der Hauptsache wohl im 18. und 19. Jahrhundert, ergänzt und erneuert worden. Dafür sprechen das Material, die weniger sorgfältig ausgearbeiteten Quader mit Transportlöchern sowie die beiden barocken Kartuschen auf der Südwest- und Südseite, von denen eine das brandenburgische Wappen zeigt. Auch im 19. Jahrhundert wurde der Bergfried ausgebessert, wie die Inschrift des Maurermeisters »R. J. G. Münch M. M. a. Thurnau. 1851« bezeugt. Die Mauern wurden als Zweischalenmauerwerk konstruiert, die Quader der Innenschale weitgehend roh belassen. Der Zwischenraum zwischen den beiden Schalen wurde mit Steinen aller Art und Mörtel ausgefüllt.

Die enorme Dicke der Mauer konnte auch heftigen Angriffen mit Wurfmaschinen standhalten. Mit dem Einsatz schwerer Artillerie ab dem Ende des 15. Jahrhunderts verloren Bergfriede aber mehr und mehr ihre Wehrfunktion. Dafür wurden sie als Wartturm umso wichtiger. Bis ins 18. Jahrhundert erfüllte der trutzige Turmkörper diese strategische Aufgabe. An der Westgrenze des Landes zum Fürstbistum Bamberg gelegen, reichte der Blick von der oberen Wehrplattform kilometerweit in das damals weniger dicht bewaldete Umland. Wurden eine streifende Rotte von 200 bis 300 Mann oder gar ein gegnerisches Heer gesichtet, warnte man mit dem Schuss aus einer schweren Muskete sogleich die Bevölkerung. Mit ihren Tieren fand diese Schutz auf der Burg. Sodann wurde mit Rauch- oder Feuersignalen Hilfe von der Festung Plassenburg in Kulmbach angefordert.

Der Einstieg in 7,5 Metern Höhe über dem Fuß des Bergfrieds war über eine Leiter von der Hochburg aus zugänglich. Wie üblich lag er auf dem zur Angriffsseite abgekehrten Teil des Turmkörpers. Aufgrund der hohen Lage

des Zugangs entstand im unteren Bereich des Bergfrieds ein schachtartiger Raum, der Lochkeller. Dieser ist nur über das sogenannte Angstloch zugänglich. Der Lochkeller hat eine Höhe von sechs Metern und einen Durchmesser von 2,5 Metern. Meist diente er als Lagerraum für wichtige Gegenstände, selten als Verlies. Eine Einkerkerung bedeutete die Zerstörung menschlichen Lebens: Es herrschte dort dauerhafte Dunkelheit, frische Luft gab es nicht. Schmutz und Ungeziefer, Kälte und Feuchtigkeit machten den Aufenthalt im Verlies zu einer permanenten Folter.
Die Niveaudifferenz zwischen der Hoch- und der Niederburg überwindet eine neu angelegte Treppe. Ursprünglich bestand sie aus Holz und konnte in Notfällen abgebrochen werden. Nach links gelangt man in das Obergeschoss des Hirschkopfbaus, wo einst wohl die Fürstenzimmer lagen, in denen bis zur Errichtung der Schlossanlage um den Morgenländischen Bau die Markgrafen bei Jagdaufenthalten wohnten. Im ersten Raum befindet sich heute ein Informationsbereich über die Geschichte der Burg, von dem aus man zum Bergfried gelangt.
Nach rechts, vorbei an den stauferzeitlichen Buckelquadern, führt eine Tür in den Ausstellungsbereich zur Markgräflichen Jagd, zum Schönhof (16) und zum Archivbau (17). Der erste Raum muss ursprünglich ein offener Platz gewesen sein. Mit den Umbauten Markgraf Albrecht Alcibiades' entstand hier 1550 ein Vorraum (9) zu dem folgenden Gebäudeteil, der zum ältesten Burgbereich zählt. Von der teilweisen Zerstörung der Burg 1553 im Zweiten Markgrafenkrieg, den Albrecht Alcibiades zur Erlangung der Vormacht in Franken begonnen hatte, blieben die Räume offenbar unberührt. Wegen der guten Erhaltung lassen sich hier im Waffengang (10) exemplarisch Beobachtungen zur Architektur machen:

Das Gewölbe: Im Zuge des Umbaus von 1550 wurde der nördliche Wehrgang überdacht. Das dekorative Gewölbeelement des Kreuzgrats wurde sorgfältig aus Putz gezogen. Es hat keine konstruktive Bedeutung.

Der Wandputz: Die Wände weisen durch den original erhaltenen Kellenwurfputz eine lebendige Oberfläche auf. Die Putzmasse wird bei dieser Methode aufgeworfen und mit der Kellenkante abgezogen, aber nicht geglättet.

Waffengang mit Kellenwurfputz

Die Verriegelung: Der Zugang von Westen konnte im Notfall von innen verriegelt werden. Die seitlichen Wandlöcher zur Aufnahme des Holzbalkens sind erhalten.

Die Fenster: Die kleinen Schießscharten des ehemaligen Wehrgangs wurden vermauert. Dafür wurden größere Fensternischen mit Sitzbänken in die Wehrmauer gebrochen, wie sie in der Renaissance in Deutschland üblich waren.

Der Kamin: Bei dem vor die Wand gebauten sogenannten Deutschen Kamin brannte das Feuer nicht in der Kaminöffnung, die einst mit einer Türe abgeschlossen war. Vielmehr wurde über ein Schürloch in der Rückwand ein Kachelofen in der Stube dahinter befeuert. Da der heiße Rauch wieder über den verschlossenen Kamin entwich und ihn dabei erwärmte, konnte mit dieser ausgefeilten Technik auch der Gang geheizt werden.

Der kleine, aber stimmungsvolle Schönhof gehört nicht zur ursprünglichen Erscheinung der mittelalterlichen Hochburg, sondern ist wie der Vorhof der Niederburg vermutlich das Ergebnis der nachmittelalterlichen Zerstörung. Ursprünglich war er zumindest im 16. Jahrhundert auf der Südseite überbaut, wie die Fensternischen zeigen. Jenseits des Schönhofs, den im Norden und Süden Mauern mit Schießscharten begrenzen, steht malerisch auf der weit überhängenden Ostklippe des Burgfelsens das sogenannte Archivgebäude, das sich als wehrhaftes Rondell gegen die Angriffsseite wendet. Das Buckelquadermauerwerk des Archivbaus ist wie beim Bergfried spätromanischen Ursprungs. Die Räume wurden spätestens 1699 als Archiv und Gefängnis für markgräfliche Beamte genutzt.

Markgraf Carl Wilhelm Friedrich von Ansbach als Falkner, Ausschnitt aus einer Miniatur nach einem Gemälde von Christoph Anton Hirsch, um 1755 (Dauerleihgabe der Oberfrankenstiftung)

Dauerausstellung »Markgräfliche Jagd«

In den Räumen der Oberburg ist seit 2011 eine Dauerausstellung zu allen Aspekten der höfischen Jagd in den Markgraftümern Ansbach und Bayreuth zu sehen. Den Schwerpunkt der Ausstellung bildet eine umfangreiche Sammlung von Jagdgemälden aus dem 18. Jahrhundert. Ferner werden kostbare Jagdwaffen der Bayreuther Markgrafen, seltene Glaspokale und alle Arten jagdlicher Gegenstände gezeigt. Das Museum wurde mithilfe der Oberfrankenstiftung realisiert.

Der Markgraf geht auf die Jagd

In der Tradition eines ritterlichen Herrscherideals wurde die Jagd an allen Höfen des Barockzeitalters gepflegt. Im Absolutismus war es für jeden Herrscher vorrangige Pflicht, durch glanzvolle Repräsentation den politischen Anspruch des eigenen Landes sichtbar zu machen. Der standesgemäße Aufwand dafür war immens. Im ganzen Land mussten Jagdunterkünfte, zuweilen regelrechte Schlösser unterhalten werden, unüberschaubar war das Jagdpersonal und landesweit wurde umfangreiches Jagdzeug vorrätig gehalten.

Die Jagdgerechtigkeit ist Spiegelbild der ständischen Gesellschaftsordnung. Während Landesherren das kaiserliche Regal der Hohen Jagd auf Hirsche, Wildschweine, Fasane, Reiher oder Auerwild, mitunter auch auf Bären innehatten, verblieb den meist adeligen Grundherren die Niedere Jagd auf alles übrige Wild. Bauern hatten seit dem späteren Mittelalter das Recht zu jagen weitgehend verloren. Wilderei wurde streng verfolgt.

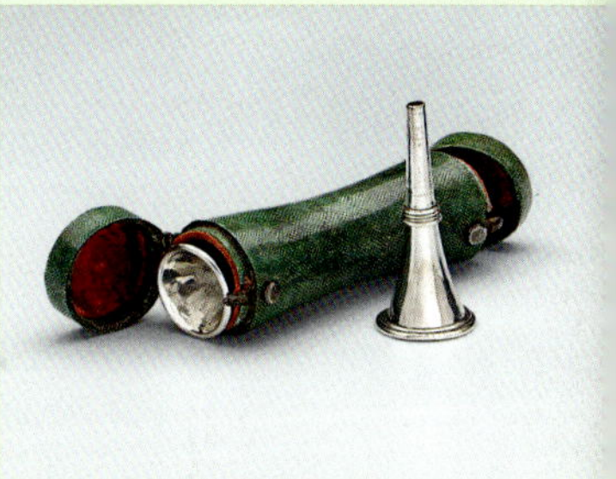

Silberne Mundstücke in einem Etui aus Eidechsenleder für ein Jagdhorn Markgraf Alexanders, Paris, um 1780

Die Jagd war darüber hinaus wichtiger Bestandteil der Prinzenerziehung. Die überlegene Beherrschung eines Pferdes, der Umgang mit Waffen zu Fuß und zu Pferd, das Ertragen körperlicher Strapazen oder das Befehlen des Jagdpersonals wurden als Ergänzung der militärischen Ausbildung, als Präludium belli angesehen. Unterschiedliche Formen der Jagd wurden gepflegt.

Die Vogelbeize

Seit dem Mittelalter galt die Beizjagd mit Falken als die edelste aller Jagdarten, ihre Wurzeln sind aber sehr viel älter. Wegen der benötigten Fähigkeiten war der Falkner ein Ebenbild des idealen Herrschers. In der Zeit des Absolutismus erlebte die Beizjagd eine neue Blüte. Der »Wilde Markgraf« Carl Wilhelm Friedrich von Ansbach (1712–1757) war dafür berühmt, die größte Falknerei in Europa zu betreiben. Sein Falknercorps umfasste über 50 teils hochspezialisierte Jäger. In 26 Jahren erbeizte er 34 429 Stück Wild. Das Jagdschlösschen Falkenhaube zeugt davon, dass auch in Bayreuth die Falkenjagd geschätzt wurde.

Die eingestellte Jagd

In Deutschland bildete sich ab der ersten Hälfte des 17. Jahrhunderts eine überaus aufwendige und kostspielige Form der höfischen Jagd heraus: die eingestellte Jagd, auch »Teutsche« oder »Prunkjagd« genannt. Dabei wurden die Tiere zunächst aus der gesamten Umgebung zusammengetrieben. Am Tag der Jagd hetzte man sie zwischen den Jagdlappen, von denen einige in der Ausstellung zu sehen sind, in eine Art Arena, wo sie von der Hofgesellschaft geschossen wurden. Da die Jäger geschützt unter einem »Jagdschirm« versammelt waren, konnte großer Luxus zur Schau gestellt werden. Die eingestellte Jagd wurde nur zu besonderen Anlässen durchgeführt. Die Ausstellung zeigt in der Schatzkammer markgräfliche Prunkgewehre und geschliffene Jagdpokale.

Hetz- oder Parforcejagd

Sehr beliebt war die Hetz- oder Parforcejagd. Dabei wurde ein besonders edler Hirsch über viele Stunden von Jägern und einer Hundemeute querfeldein gehetzt. Konnte das Tier vor Erschöpfung nicht mehr fliehen, gab ihm der Markgraf den erlösenden Fangstoß. Eine seltene Sammlung von Jagdgemälden schildert den Ablauf einer solchen Parforcejagd. Auch die dazugehörigen Hieb- und Stichwaffen wie Saufeder, Praxe, Bäreneisen oder Hirschplaute sind ausgestellt. Hervorzuheben sind die ältesten auf dem Kontinent erhaltenen Parforce-Jagdhüte, die der Ansbacher

Eine eingestellte Jagd bei Reichelsdorf, Kupferstich von Christian Daniel Henning, 1774

Markgraf Alexander aus England eingeführt hat. Gemälde in den angrenzenden Museumsräumen zeigen den aufwendigen Ablauf großer Hetzjagden.

Die Pirsch

Neben den prunkvollen Jagdfesten gab es die informelle Einzeljagd der Pirsch (auch Pürsch). Ihre Beliebtheit stieg im 18. Jahrhundert. Manche Fürsten gingen täglich auf die Pirsch. Sie bot ihnen die seltene Möglichkeit, außerhalb des zeremoniellen Tagesablaufs ihrer Leidenschaft nachzugehen. Begleitet wurde der Fürst dabei nur von wenigen Jagdgehilfen.

Bei der Pirsch in freier Wildbahn kam es auf höchste Disziplin und lange Erfahrung an. Sie galt deswegen als die

Der Oberjägermeister begrüßt die Jagdequipage einer Parforcejagd, Ölgemälde der Brüder Kleemann, um 1780 (Dauerleihgabe der Oberfrankenstiftung)

Krone allen Weidwerks. Das kleinste Geräusch und jeder Fehlschuss vertrieben das aufgelauerte Wild. Zur Erleichterung wurden Pirschsteige angelegt, die zu Wildwechseln und Äsungsflächen führten. War die Jagd größer angelegt, wurden mit »Jagdzeug« Strecken ausgesteckt, durch die die Helfer die Tiere in den Schussbereich des Fürsten »pressten«. Gejagt wurde jede Art von Hoch- und Niederwild.

Verwaltungsapparat und Frondienst

Jagdwesen und Forstwirtschaft waren aufs Engste miteinander verbunden. An der Spitze der Verwaltung stand in Bayreuth als »würklicher Oberforst- und Oberjägermeister« ein hoher Vertreter des Adels. Ihm unterstanden weit über 100 Beamte. In einer eigenen Hofbehörde waren die etwa 20 »Hof-Besuch- und Pürsch-Jägere« sowie die

»Wagenmeister und Zeuchknechte« zusammengefasst, die nur mit der Vorbereitung und Durchführung der häufigen Jagden des Markgrafen befasst waren. Für die zahlreichen Gehege, die der Wildaufzucht und Jagd dienten, waren allein im Markgraftum Bayreuth gut 20 Wild- und Fasanenmeister zuständig. Die Zahl der »Knechte« ging in die Hunderte.

Und die Bauern?

Bei großen Prunk- oder Parforcejagden wurden 1000 oder mehr Bauern als Helfer und Wildtreiber zum Frondienst verpflichtet. Häufig fanden die Jagden, die mit den Vorarbeiten weit über zwei Wochen dauern konnten, zur Saat- oder Erntezeit statt. Bei Parforcejagden entstanden durch die Verfolger der flüchtenden Tiere oft große Ernteschäden. Auch die Überhege des Wilds war ein Problem. Es wurde meist lange geschont, um umfangreiche Tierbestände für die Jagd zur Verfügung zu haben. Den Bauern war es untersagt, ihre Felder durch Einzäunungen zu schützen. Sie waren daher in der Zeit der Kornreife gezwungen, diese Tag und Nacht zu bewachen.

Medaille auf die Freigabe des Wildabschusses, Medailleur Johann Christian Reich, nach 1795 (Staatliche Münzsammlung, München)

WAFFENGANG

Die Jagdgemälde des Oberjägermeisters von Pölnitz

Die ausgestellte Sammlung von Jagdgemälden ist in ihrer Vollständigkeit eine große Rarität. Sie stammt aus dem Nachlass des in Ansbach geborenen Freiherrn Ludwig Carl Wilhelm von Pölnitz. Er war als Parforce-Oberjägermeister für Herzog Carl Eugen von Württemberg und als Obristkammerherr für Markgraf Alexander von Ansbach-

Bayreuth tätig. Die Gemälde ließ er für sein Schloss Frankenberg 40 Kilometer nordwestlich von Ansbach anfertigen. Die 22 Gemälde dürften in mehreren Etappen zwischen 1765 und 1780 entstanden sein. Durch Vergleiche lassen sie sich den in Nürnberg tätigen Brüdern Kleemann zuschreiben, die auch für Markgraf Alexander in der Residenz Ansbach gearbeitet haben. Anhand der Jagduniformen sind sie in drei thematische Gruppen untergliedert: eine württembergische Parforcejagd sowie je eine ansbach-bayreuthische Parforce- und eine Fuchsjagd. Die Gemälde sind Dauerleihgaben der Oberfrankenstiftung.

Linke Seite: Steinschlossbüchse des Markgrafen Friedrich, 1729 und 1738 (links oben); Jagdlicher Luxus-Galanteriedegen, Frankreich, um 1770 (links unten); Bayreuther Jagdschrank, Fichtelgebirge, nach 1750 (rechts)

Rechte Seite: Markgraf Alexander von Ansbach auf einer Parforcejagd (oben), Verfolgung eines Hirschs (unten), Ölgemälde der Brüder Kleemann, um 1780 (Dauerleihgaben der Oberfrankenstiftung)

WAFFENKAMMER

Entsprechend der repräsentativen Funktion der Jagd legte jeder Fürst größten Wert auf kostbar gestaltete Waffen. Die Prunkgewehre und -pistolen in der Waffenkammer der Burg Zwernitz belegen die hochentwickelte Kunst der Büchsenmacher in Ansbach und Bayreuth.

Jagdmotive überall

Alle Bereiche der höfischen Welt des 18. Jahrhunderts waren in einem heute kaum vorstellbaren Maß von der Jagd geprägt – beginnend bei Einrichtungsgegenständen bis hin zu Mode, Architektur, Kunst und Musik.

Der Morgenländische Bau mit seinen Nachbargebäuden

(Die Nummern beziehen sich auf den Gartenplan S. 141/142)

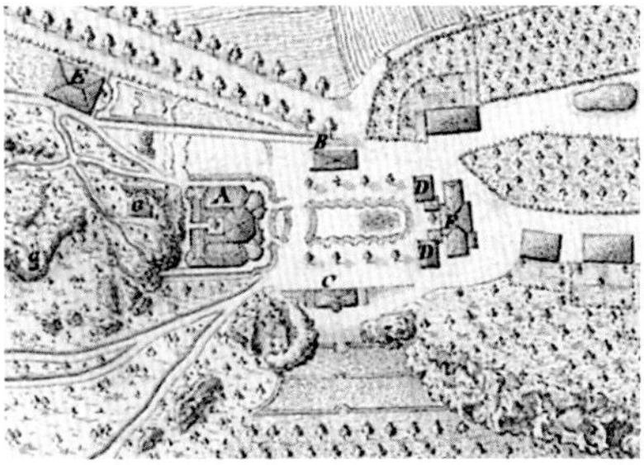

Oben: Das Schlossgeviert um den Morgenländischen Bau (links auf dem Plan), Ausschnitt aus dem Bechstatt-Plan (s. S. 6/7)

Links: Morgenländischer Bau mit Blumenparterre

Das Zentrum von Sanspareil bildet das Schlossgeviert um den Morgenländischen Bau. Vier eingeschossige Gebäude, »beworfen mit wilden Tuffsteinen und bunten, glimmerartigen Schlacken und Steinchen, wodurch sie ein antikes, felsiges Ansehen gewinnen sollten«, gruppierten sich hier symmetrisch um ein vertieftes Parterre (5), das mit Buchs und bunten Kieseln ausgelegt und mit Pyramidenbäumen umstellt war. Seit den 1780er-Jahren, unter Markgraf Alexander von Ansbach-Bayreuth, »zierten einige in der Tiefe liegende Blumenstücke die Mitte des Parterres«, das 1987 nach dem Stich Johann Thomas Köppels um 1748 mit Buchsbaumeinfassungen rekonstruiert wurde. Von diesen vier Bauten blieben jedoch nur der Morgenländische Bau (6) (auch »Hainbau« genannt) und der Küchenbau erhalten, und auch diese nicht in ihrer ursprünglichen Erscheinung. In den beiden seitlichen Gebäuden befand sich je ein Appartement privé; im nördlichen mit dem Namen Markgrafenhaus wohnte Friedrich, im südlichen Burggrafenhaus Wilhelmine. Zwei Anbauten an den Küchenbau waren »Cavaliers Haeuser«.

Die Anregung zu der Häusergruppe wird auf Friedrich zurückgehen. Auf seiner Kavalierstour lernte er den Hof König Ludwigs XV. von Frankreich kennen, und er besuchte neben Versailles auch Marly. Dort hatte der Surintendant des Bâtiments du Roi, Jules Hardouin-Mansart, für den Sonnenkönig von 1669 bis 1686 ein Sommer- und

Jagdschloss errichtet. Da nicht die Ansprüche einer offiziellen Residenz erfüllt werden mussten, konnte ein neuer Bautypus entwickelt werden: Durch die Auflösung der herkömmlichen Dreiflügelanlage mit mehreren Wohnungen gruppierte man eine Ansammlung einzeln stehender Gebäude um ein Corps de Logis. So waren jeweils sechs Gästepavillons längs dem mittleren Wasserbassin angeordnet, während dem König das mittlere Schloss vorbehalten war. Hinter den herrschaftlichen Fassaden verbargen sich relativ einfach ausgestattete Räume.

Vorhergehende Doppelseite: Morgenländischer Bau mit Markgrafenhaus (links) und Burggrafenhaus, Kupferstich von Johann Carl Bock nach Johann Gottfried Köppel, 1793

Die Gruppierung mehrerer Wohngebäude zu einem Ensemble wurde in Deutschland mehrfach aufgegriffen, etwa beim Lustschloss Favorite bei Mainz (1700–1722), beim Schloss Belvedere bei Weimar (1724–1744), beim Schloss Nymphenburg in München (1726–1745) oder beim Schloss Clemenswerth bei Sögel (1737–1747). Von ihnen muss der Markgraf zumindest das Belvedere gekannt haben, da der Bauherr Ernst August I. von Sachsen-Weimar seit 1734 in zweiter Ehe mit Friedrichs Schwester Sophie Charlotte verheiratet war. Alle diese Gebäude wurden zu einer Zeit errichtet, da die deutschen Fürsten gegenüber dem Kaiser erstarkten und dem französischen Absolutismus nacheiferten. Die Zurschaustellung der oft mehr beanspruchten als realen Macht wird bei diesen Schlössern in der zentralen Wohnposition des Herrschers ausgedrückt, um den sich in den Trabantenhäusern der Adel, die gleich Planeten die Sonne umkreisen, schart.

In einem entscheidenden Punkt weicht Sanspareil hiervon ab: Das Fürstenpaar wohnte nämlich gegen jeglichen Usus in den lateral gelegenen Häuschen, während das Hauptgebäude das Appartement de Société barg, das gemeinschaftlich von der Hofgesellschaft genutzt wurde. Dies ist der Grund, dass der Morgenländische Bau im 18. Jahrhundert Salon genannt wurde und bis in die 1960er-Jahre in der Umgebung noch als Speisesaal bekannt war. Beim Bau und bei der Nutzung von Lustschlössern konnten hierarchische

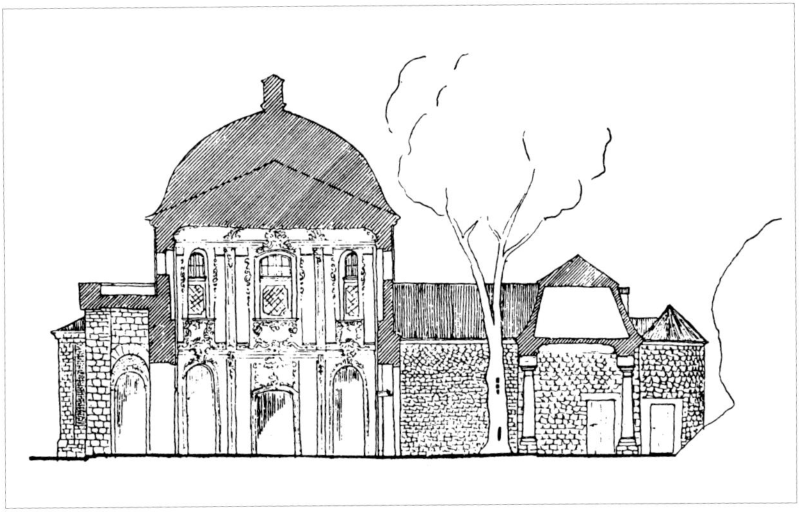

Längsschnitt durch den Morgenländischen Bau

Strukturen durchaus umgangen werden, etwa wenn sich die Hofgesellschaft an runden Tischen versammelte und die Sitzordnung ausgelost wurde. In Sanspareil ist diese Tendenz zu einem Extrem geführt worden, das nur im aufgeklärten Absolutismus möglich war.

6 DAS HAUPTGEBÄUDE: DER MORGENLÄNDISCHE BAU

Die kleine, aber höchst originelle Architektur wurde 1746/47 nach Ideen der Markgräfin Wilhelmine von dem Bayreuther Hofarchitekten Joseph Saint-Pierre errichtet. Das Gebäude hat im Wesentlichen sein Aussehen bewahrt, nur das Dach wurde unter Markgraf Alexander erneuert. Ursprünglich war der mittlere Kuppelraum mit einem flachen Spitzdach gedeckt und die Nebenkabinette zur Fassade hin mit Kuppeldächern versehen. Das gab dem Gebäude einen asiatischen Anschein, war aber wegen Schneelasten und Schmelzwasser prekär. Der Austausch der Seitenkup-

peln durch eine steilere Mittelkuppel unter Markgraf Alexander hat dem erfolgreich entgegengewirkt.
Der blockhafte Baukörper ist zum Parterre hin vielfach gegliedert, wobei die innere Raumdisposition nur ansatzweise erkennbar ist. Alle Außenwände sind mit Karststeinen aus der Region verkleidet, die manchmal wie Tierschädel wirken. Es erinnert an das Alte Schloss in der Eremitage, soll hier aber mehr eine verspielte, unheimliche Wirkung haben. Daneben finden sich bei verschiedenen Bauteilen mosaikartige Inkrustationen aus bunten Glasflüssen und farbigen Steinen, wie sie später auch beim Neuen Schloss in der Eremitage Verwendung fan-

Details der Außengestaltung des Morgenländischen Baus (von links nach rechts): ein Tuffstein mit dem Aussehen eines Schädels; mit Glasfluss und bunten Steinen verzierte Arkade; die instabil wirkenden Schlusssteine über dem Eingang

den. Auch dies war ein Mittel zur Schaffung eines fremdländischen, märchenhaften Charakters.

Die hohe und weite Arkade des zurückschwingenden Vorraums, deren Schlusssteine auf den Eintretenden herabzurutschen drohen, erweckt den Eindruck, in ein ungewisses Inneres zu führen. Die Irritation über den Realitätsgehalt einer Aussage, das bewusste Verwirrspiel mit der Erzeugung von Erwartungen und ihr gleichzeitiges Konterkarieren sind ein spielerischer Aspekt, der in der Architektur von Lustschlössern des 18. Jahrhunderts häufig zu erkennen ist; man denke nur an das Verwirrspiel im Spiegelsaal der Amalienburg im Nymphenburger Schlosspark.

Festsaal mit Blick auf den Innenhof

Beim Morgenländischen Bau wird die Irritation in der Entgegensetzung von außen und innen durchgespielt. Während das Äußere ländlich, grottenhaft und geheimnisvoll erscheint, zeigt sich das Innere in höfischer Eleganz. Man betritt zunächst den zweigeschossigen Festsaal (2), der durch ein System von geknickten Eckpilastern, die im Obergeschoss vor rechteckigen Feldern mit Stuckrocaillen stehen, festlich hervorgehoben wird. In der Hohlkehle der flachen Muldendecke befinden sich acht von Rocaillen gerahmte Felder. Bemerkenswert sind die rosa Stuckaturen auf lichtgelbem Grund – herausragende Arbeiten des Bayreuther Hofstuckators Adam Rudolph Albini aus den Jahren 1747/48. Die Fehlstellen wurden 1956 malerisch ergänzt.
Seitlich liegen zwei Abfolgen von jeweils vier Räumen, wobei der letzte Raum auf der Südseite heute abgetrennt ist. Typologisch entsprechen sie kleinen Schlossappartements mit Vorraum, Wohnraum bzw. Audienzzimmer und Schlafraum sowie einem Kabinett in Form des Rundzimmers. Es ist jedoch fraglich, ob die Räume tatsächlich diese Funktionen hatten oder nicht vielmehr eine Abfolge von Gesellschaftsräumen waren.
Hinter dem Saal liegen ein kleiner Hof (3) sowie ein Durchgang, der auf eine Felswand führt. Wenn die Buche inmitten des Hofs von der neueren Literatur als befremdlich angesehen wird, bestätigt dies das bauliche Konzept der Wilhelmine, den Gast in einem geistreichen Spiel stets mit Eindrücken zu überraschen, die im Widerspruch zu üblichen und vertrauten Konventionen stehen. Ungewöhnlich ist nicht nur ein Baum im Schlosshof, sondern auch seine zentrale Platzierung, wodurch die architektonische Hauptachse verstellt wird. Dieses Capriccio sollte gesehen und bestaunt werden. In der Tat öffnet eine große Glastür den Mittelsaal zum Hof, der sich mit der Buche gleich einer Vedute dem Blick darbietet. In einer Beschreibung des 18. Jahrhunderts heißt es denn auch: »Angenehm täu-

schend ist der Durchblick durch die Glasthür. ... man erblickt wie ein Gemälde ... einen stolzaufragenden Buchenstamm mit seiner gegen das Felsendunkel contrastierenden Silberrinde. Es ist Natur.« Um diese mächtige Buche – natürlich nicht die heutige –, deren Wuchs von den Zeitgenossen gerühmt wurde, ist der Morgenländische Bau gewissermaßen geplant und ausgeführt worden. Die Architektur huldigt der Buche, ja zelebriert sie. Der Gast wird sich gefragt haben, ob der Baum eine symbolische Bedeutung hat – etwa als Lebensbaum im Hinblick auf die geplante Hochzeit oder als Baum der Erkenntnis, da Wilhelmine und Friedrich der Freimaurerei angehörten, oder als Hinweis auf die Beständigkeit der fürstlichen Dynastie. Möglich ist alles, ausgesprochen wird es aber nicht – auch dies ein Capriccio der Markgräfin.

Der Innenhof mit der vielbestaunten Buche

Zur Innenausstattung ist zu sagen, dass sich der Morgenländische Bau dem heutigen Besucher mit einer improvisierten Einrichtung präsentiert, die nicht auf historischen Quellen basiert. Zur Zeit der Drucklegung dieses Führers wird ein neues Konzept erarbeitet, das einerseits die historische Situation rekonstruieren und zugleich Einblicke bieten soll, wie sich das höfische Leben mit all seinen Vergnügungen abspielte.

5 MARKGRAFEN- UND BURGGRAFENHAUS
(nicht erhalten)

Das Markgrafen- und das Burggrafenhaus beiderseits des Parterres wurden wegen Baufälligkeit 1839 abgebrochen. Es waren dies einfache, äußerlich grottenhaft gebildete Bauten in der Art bescheidener fränkischer Häuser. Die Kamine und Sockel hatten, ähnlich wie beim Alten Schloss in der Eremitage zu Bayreuth, die Form von Steinhaufen, auf denen kleine Büsche wuchsen. Nur der Eingang war als Mittelrisalit mit Portalgiebel hervorgehoben. Auf dem nördlichen war Friedrichs Monogramm angebracht, auf dem südlichen der schwarze Zollern-Adler. Die Räume – je drei – waren recht einfach, aber behaglich eingerichtet. Wegen der beengten Lage zwischen der Bayreuther Straße und dem Parterre wies das Burggrafenhaus keine eigene Gartengestaltung auf. Durch die Hanglage des Markgrafenhauses war eine andere Situation gegeben: Ohnehin

Markgrafenhaus (links) und Burg Zwernitz, dazwischen das Hühnerloch, Kupferstich von Johann Thomas Köppel, 1748

war die Rückseite durch einen erkerhaften Vorbau hervorgehoben. Darunter war das Kellergeschoss zu einer Grotte ausgebaut. Sie öffnete sich auf eine gärtnerisch gestaltete Terrassenanlage und ein Feld in versetzten Reihen gepflanzter Lindenbäume, die zum Talgrund überleiteten. Dort befanden sich auch eine Vogelstange zum Wettschießen und ein Schießstand.

3 HÜHNERLOCH UND EISKELLER

Neben dem ehemaligen Markgrafenhaus befindet sich zur Burg hin das Hühnerloch, auch ein Ort des Amüsements, wie Johann Gottfried Köppel 1793 überliefert: »Nicht

Hühnerloch, Kupferstich von Jakob Samuel Walwert nach Johann Gottfried Köppel, 1793

seine Grösse, sondern seine Gestalt ist auffallend. Seine Dicke ist ganz durchfressen und hat das Ansehen eines Schwammes. … Allein bald giebt der Cicerone der Gesellschaft lächelnd zu verstehen, dass hier kein anderer Ausweg sey, wieder ins Freye zu kommen, als wenn man sich bequeme, durch das Loch zu schlüpfen; und solchergestalt müssen denn Damen und Herren entschliessen, über einen vor dem Loche gleichsam hingewälzten, einem Sattel ähnlichen Stein zu rutschen, sonach nicht ohne Mühe und sehr gebückt hindurch kriechen. Der Stein ist wegen der auf solche Art oft ausgehaltenen Passage durch die Länge der Zeit gleichsam geglättet und polirt worden.« Königin Marie von Bayern, so wird berichtet, habe

sich bei dieser Gelegenheit das Kleid zerrissen. Weiter zur Burg Zwernitz hin liegt der Eiskeller, ein engpassartiger Schacht mit höhlenartiger Vertiefung.

4 KÜCHENBAU MIT KAVALIERSGEBÄUDEN

(Letztere nicht erhalten)

Auch der nur zum Teil erhaltene Küchenbau, gegenüber dem Morgenländischen Bau gelegen (heute als Café dienend), stellte in seiner ursprünglichen Form eine sonderbare Mischung von Landschlösschen, Bauerngehöft und künstlicher Ruine dar. Die Wände waren zum Teil verputzt und inkrustiert sowie zum Teil in Fachwerk oder rohen Steinen ausgeführt. Bis zu seiner Veränderung im 19. Jahrhundert präsentierte er sich als kleine Dreiflügelanlage zum

Küchenbau mit ehemaligen Kavaliersgebäuden, Ausschnitt aus einem Kupferstich von Johann Carl Bock nach Johann Gottfried Köppel, 1793

Parterre (5), doch war dies nur die Anmutung eines Schlosses. Ein Mittelportal gab es nicht, da sich die Küche zur Außenseite hin öffnete. Zum schnellen Servieren der Speisen im Saal des Morgenländischen Baus, der ja bis vor wenigen Jahrzehnten noch Speisesaal genannt wurde, dienten zwei Portale an den Stirnseiten der gestaffelten Seitentrakte. Auch die beiden »Cavaliers Haeuser« sollten den Eindruck einer Dreiflügelanlage erwecken. Sie waren ähnlich gestaltet wie die Wohngebäude des Markgrafenpaars, nur kleiner. Auf dem Giebel des südlichen Hauses prangte der Bayreuther rote Adler. Der andere Giebel ist auf Köppels Stich nicht zu erkennen; denkbar wäre dort das Hohenzollernwappen. Auf dem Bechstatt-Plan werden sie benannt als »Haus, welches zum Aufenthalt der Hof Cavaliers und Hof Damen bestimt war«.

Der Felsengarten

Wer heute den Felsengarten aufsucht, durchschreitet im Allgemeinen den Bereich hinter dem Morgenländischen Bau bis zum Ruinentheater. Das ganze nördliche Drittel des Parks nimmt der Besucher hingegen kaum mehr als zugehörigen Teil der umfangreichen Anlage wahr, da die moderne Autostraße eine Begrenzung bildet, die so nie existierte. Einst war dies ein einfacher Weg für Fuhrwerke. Dadurch erscheint auch die Burg Zwernitz als Einzelbauwerk, wo sie doch ein wichtiger Teil der Gesamtanlage ist. Die wesentlichen Stationen des Felsengartens befinden sich allerdings im Bereich hinter dem Morgenländischen Bau.

Blick auf den Gespaltenen Felsen

DIE INSZENIERUNG DER TELEMACHIE

Aus einem Huldigungsgedicht, das der ortsansässige Pastor mit dem latinisierten Namen Marcus Friedrich Hedenus 1748 veröffentlicht hat, erfahren wir, dass Wilhelmine Handlungsorte aus François Fénelons berühmtem Roman »Les Aventures de Télémaque, fils d'Ulysse« auf den Felsengarten übertragen hat. In ihren Memoiren schreibt die Markgräfin, dass sie zusammen mit ihrem jüngeren Bruder Friedrich, dem späteren preußischen König, begeistert den »Telemach« gelesen hat. Die Erzählung hatte große Bedeutung für das Geschwisterpaar. Friedrichs des Großen Staatsideologie des aufgeklärten Absolutismus, die er in seinem »Antimacchiavel« zusammenfasste, hat hier ihre Wurzeln. Und auch Wilhelmine empfand die Romanfigur des Telemach noch Mitte des 18. Jahrhunderts als ideales Vorbild eines aufgeklärten Herrschers.

TELEMACHS REISE NACH FRANÇOIS FÉNELON

Telemach, der Sohn des Odysseus, durchstreift als Prinz auf der Suche nach seinem verschollenen Vater, dem Herrscher von Ithaka, jahrelang das Mittelmeer und besteht mehrere Prüfungen, was ihn zu einem weisen Regenten werden lässt. François Fénelons Roman beginnt mit dem Schiffbruch Telemachs vor der Zauberinsel Ogygia, wo bereits sein Vater Odysseus in den Bann der Meeresnymphe Kalypso geraten war. Telemach berichtet Kalypso von zahlreichen Bewährungsproben. So lernte er auf Zypern den wollüstigen Kult der Venus kennen, dem er sich aber nicht hingab. Auf Kreta sollte er als Sieger eines Wagenrennens zum König erkoren werden, doch seine Bestimmung war, nach Ithaka zurückzukehren, um weiter nach seinem Vater zu suchen. Kalypso versucht nun, Telemach auf ihrer Insel zu halten. Doch Mentor, sein weiser Begleiter, hinter dessen Gestalt sich die Göttin Minerva verbirgt, warnt ihn. Mit der Nymphe Eucharis, mit der Telemach auf die Jagd geht, bahnt sich ein Liebesverhältnis an, das Kalypsos Eifersucht entfacht. Diese gibt Mentor Werkzeug zum Bau eines Schiffs. Es wird aber auf Amors Geheiß von den Nymphen wieder zerstört.

Mentor stürzt sich in der Furcht, von der Zauberinsel nicht mehr loszukommen, mit Telemach von einem Felsen ins Meer. Ein vorüberfahrendes Schiff nimmt beide auf. Nun gelangt Telemach in das Land des Königs Idomenäus, wo er sich als Friedensstifter bewährt. Immer wieder wird seine majestätische Erscheinung hervorgehoben. Da er nicht an den Tod seines Vaters glaubt, sucht Telemach den Hades auf. Die Begegnung mit seinem Großvater Arcesius wird zu einem Schlüsselerlebnis. Dieser versichert ihm, dass sein Vater Odysseus noch lebe. Weiterhin beschreibt er seinem Neffen eindringlich den »frommen, guten Regenten«. Zum Ideal eines Herrschers gereift, wählt er Antiope, die Tochter des Königs Idomenäus, als ebenbürtige Gattin. Nach weiteren Abenteuern erreicht Telemach seine Heimat, die Insel Ithaka, wo ein Tag zuvor auch sein Vater Odysseus gelandet ist.

Die erste deutsche Ausgabe des Telemach von François Fénelon, Ansbach, 1727

Autor ist der aus dem Périgord stammende François de Salignac de La Mothe-Fénelon (1651–1715), kurz François Fénelon. Nachdem er eine geistliche Laufbahn eingeschlagen hatte, wurde er 1689 Erzieher des siebenjährigen Enkels Ludwigs XIV., des möglichen Thronfolgers, und sechs Jahre später zum Erzbischof von Cambrai in Nordfrankreich ernannt. Berühmt wurde Fénelon durch den »Telemach«, den er für seinen Zögling von 1694 bis 1696 als Bildungsroman verfasste. Als Abschriften des Buchs bekannt wurden, interpretierte man dies als herbe Kritik an der autoritären Politik des Sonnenkönigs, was die Verbannung des Autors vom Hof zur Folge hatte. Auch Wilhelmine und Friedrich haben das Buch als Gegenmodell zur pietistischen Staatsauffassung ihres strengen Vaters, des Soldatenkönigs, gelesen.

Erzbischof François Fénelon von Cambrai, Joseph Vivien (Alte Pinakothek, München)

Vermutlich hat Wilhelmine aber nicht nur diese Quelle zu Rate gezogen, als sie Telemachs Irrfahrt im Felsenhain lokalisierte. Sie kannte auch »Le Télémaque travesti«, eine 1715 erschienene Umformung des Stoffs in eine Parodie durch Pierre de Marivaux. Markgraf Georg Wilhelm von Bayreuth hat zudem 1721 und 1722 nicht weniger als drei Versionen einer Telemach-Oper in der Residenzstadt zur Aufführung gebracht: »Telemach, alls das vollkommene Muster eines Tugendhaften Helden«, »Telemach und Antiope« und »Telemach und Calypso«.

Das Motiv in der Telemachie, vom Laster abzulassen und den mühsamen Weg zur Tugend einzuschlagen, ist ein verbreiteter Topos in der griechischen Mythologie. Herkules am Scheideweg ist das bekannteste Beispiel dafür. Es gab wohl kaum einen Herrscher des Barockzeitalters, der sich nicht mit diesem Tugendhelden identifiziert hat. Das andere große Motiv der Erzählung ist der Gang in die Unterwelt, was in der Odyssee vorgebildet ist. Auch dieses Motiv der Initiation wurde vielfach aufgegriffen, selbst in der Architektur, etwa beim Alten Schloss in der Eremitage bei Bayreuth. Dort ließ Georg Wilhelm eine Art Initiationsweg durch das Gebäude anlegen, dem heitere Züge aber durchaus nicht fehlten: »Per aspera ad astra.«

WILHELMINES INTENTION

Schon Hedenus beschrieb in seinem Lobgedicht, dass die Personen der Handlung mit dem Brautpaar und dem Markgrafenpaar identifiziert werden können. Mit Telemach war der junge Herzog Carl Eugen von Württemberg gemeint, anlässlich dessen Hochzeit mit Friederike der Hain mit der Telemachie in Verbindung gebracht wurde. Der gute Herrscher Idomenäus wäre mit dem Brautvater, Markgraf Friedrich, gleichzusetzen, während in der Person des weisen Mentors Wilhelmine erkannt werden kann.
Als Carl Eugen 1748 heiratete, führte der 20-Jährige seit vier Jahren die Regierungsgeschäfte. Wie Friedrich der Große, der den Fürsten bis zu seiner vorzeitigen Volljährigkeitserklärung an seinen Hof geholt hatte, um ihn von habsburgischen Einflüssen fernzuhalten, gegenüber seiner Schwester in einem Brief feststellte, konnte man dem unausgewogenen, cholerischen jungen Mann durchaus nicht die Reife eines verantwortungsvollen Fürsten zusprechen. Das bestätigte sich auch in späteren Jahren. Das theatralische Erlebnis der tugendhaften Entwicklung eines Prinzen bis zur Vollkommenheit als zukünftiger Fürst sollte Carl Eugen zum Vorbild seines eigenen Lebenswegs dienen. Allerdings fand, wie schon erwähnt, die Exkursion der Hochzeitsgesellschaft nach Sanspareil nicht statt. Die Gründe kennen wir nicht. Schuld können das Wetter, die mangelnde Kommodität vor Ort oder auch die Befürch-

tung gewesen sein, dass der Bräutigam die Konfrontation mit dem Tugendhelden Telemach als Affront hätte ansehen können.

Carl Eugen entfaltete in den folgenden Jahrzehnten einen Herrschaftsstil, der den Idealen des Telemach entgegenstand. Unter seiner Verschwendungssucht und seinem tyrannischen Verhalten litt die gesamt Bevölkerung. Und was Telemachs Abwendung vom Laster angeht: Carl Eugen anerkannte nicht weniger als 77 natürliche Söhne. Auch die Ehe mit Friederike hielt nicht lange – nach acht Jahren trennte sich das Paar. Friederike weilte daraufhin im bayreuthischen Neustadt an der Aisch, um schließlich in Schloss Fantaisie bei Bayreuth noch einmal einen Musenhof nach dem Vorbild ihrer Mutter aufleben zu lassen. Von dort machte sie Ausflüge in das nahe Sanspareil.

Die Markgräfin lokalisierte zahlreiche Stationen von Telemachs Irrfahrt auf Felsengipfeln und in Grotten des Felsengartens. Sie griff jedoch nur auf eine Auswahl der Begebenheiten zurück. Auf Telemachs Bericht von seiner Reise durch fremde Länder oder den Gang in die Unterwelt verzichtete sie. In erster Linie kam es ihr auf die Evozierung einer mythologisch-poetischen Stimmung im Park an. Bei der Platzierung der einzelnen Stationen im Park musste Wilhelmine auf die vorgegebene Lage der Felsen und Grotten und die bereits errichteten Staffagebauten Rücksicht nehmen, weshalb es Sprünge und Überraschungen in der Abfolge der Stationen gibt.

Die Übertragung der Erzählung auf den Garten muss Wilhelmine relativ spät vorgenommen haben, da dies nicht mehr die Anlage des Parks mit seinen zahlreichen Staffagebauten beeinflusste. Da auch keine weiteren Baumaßnahmen dafür nötig waren, kann dies durchaus erst 1748, im Jahr der Heirat, gewesen sein. Die endgültige Benennung der Orte geschah durch die Anbringung von ovalen Schildern, auf denen der Bayreuther Hofmaler Wilhelm Ernst Wunder die zugehörigen Szenen gemalt hatte. Ab der

Prinzessin Friederike von Bayreuth, Ölgemälde des Hofmalers Johann Friedrich Gerhard, 1738/40

Mitte des 18. Jahrhunderts wird sich in der Wahrnehmung der höfischen Besucher die primäre Ebene der chinoisen Gestaltung und die nachträgliche literarische Identifizierung einzelner Partien zu einer dem heutigen analytischen Blick fremdartigen Zauberwelt vermischt haben. So konnte ein chinesischer Aussichtspavillon mühelos zum Turm des mythologischen Aeolus mutieren. Auch nachdem die Erläuterungstafeln verloren gegangen waren, haben sich die Benennungen bewahrt. Allerdings ist die Zuordnung in einzelnen Fällen auf Nachbarfelsen übergegangen.

Rundgang durch den Felsengarten

Waldzone mit Regenschirm

Während man den Garten normalerweise vom Morgenländischen Bau aus besichtigt, lässt Wilhelmine entgegen allen Erwartungen die Geschichte von Telemach am gegenüberliegenden Ende des Parks beginnen. Dahinter steht der inszenatorische Gedanke, dass Telemach sich auf seiner Reise mehr und mehr dem Referentenhaus (7), das Markgraf Friedrich nutzte und das direkt hinter dem Schlossbereich um den Morgenländischen Bau liegt, nähert. Man könnte es mit dem Palast von Odysseus identifizieren, wo die Erzählung von Telemachs Irrfahrt endet. Im Hinblick auf die Struktur des chinoisen Parks und seiner Staffagebauten ist es sinnvoll, hier den Rundgang zu beginnen.
Die dreigliedrige Struktur des Parks – im Westen und Osten Felsanhäufungen, dazwischen eine Hainzone – griff die Markgräfin in der Gestaltung auf. Zunächst aber sprechen die Felsen für sich. Durch die Errichtung diverser Staffagehäuschen wurden sie zu einer Miniaturlandschaft umgedeutet. In der ruhigen Waldzone bereitet sich ein Szenenwechsel vor, wobei dem Lustwandler außer der stillen Naturkulisse keine besonderen Eindrücke geboten werden. Diese fand er dafür umso geballter im östlichen Felsenquartier vor. Die Parkgestaltung gleicht einem Crescendo mit retardierendem Einschub. Die Interpretation des Felsen- und Buchenhains durch Wilhelmine erweist sich als herausragende schöpferische Leistung, deren Besonderheit – und auch das ist eine Qualität – sich nicht auf den ersten Blick erschließt. Will man diese Landschaftsinszenierung nacherleben, muss man in Kauf nehmen, dass die Episoden der Telemachie von ihrem Ende her aufgerollt werden. Da bis auf das Ruinentheater inzwischen alle Park-

Die Kulissengassen des Ruinentheaters von der Seite

gebäude fehlen, erlebt der heutige Besucher den Felsengarten vor allem als Naturschönheit, die ihn aber nicht weniger faszinieren wird als etwa die Hofdame von Sonsfeld, die wie manch andere den berühmten Ausruf »Ah! C'est sans pareil!« getan haben soll.

7 REFERENTENHAUS *(nicht erhalten)*

Üblicherweise wird der Felsengarten über einen schmalen Weg betreten, der unspektakulär zwischen Büschen und Bäumen südlich neben dem Morgenländischen Bau beginnt. Direkt durch den Morgenländischen Bau kann man den Park hingegen kaum betreten, was im Gegensatz zu allen sonst bekannten Gepflogenheiten der Schlossbaukunst steht. Keine Mittelachse verbindet Schloss und Park. Im Begleittext zu Johann Gottfried Köppels Kupferstichen wird mit bildhaften Worten auf diese ungewöhnliche Situation hingewiesen: »Ein Fels ist vor [den] Ausgang gewälzt, und scheint ihn zu versperren.« Er fährt fort: »Aber auf einer darein gehauenen Treppe findet man bald den Ausweg und steigt aufwärts in den Wald zu dem Referentenhaus, wo Markgraf Friedrich sich von seinen Ministern in Landesangelegenheiten referieren ließ.« Damit hat Friedrich sich neben seinem privaten Markgrafenhaus ein weiteres, heute nicht mehr erhaltenes Refugium zum Arbeiten geschaffen. Es war »meistens aus Tuffstein erbaut, und enthält einen geräumigen Saal mit einigen [vermutlich zwei] Kabinetten.« Auch wenn es über eine steile Treppe direkt vom Morgenländischen Bau zu erreichen war, zählte es nicht mehr zu diesem Gebäudeensemble. Das Referentenhaus war vom Morgenländischen Bau nicht zu sehen, und die Fassade war entgegengesetzt auf die beeindruckenden Felsen und Staffagebauten im Park hin ausgerichtet: »Schauerlich angenehme Gefühle erweckt der Anblick der hier in größter Unordnung umher zerstreuten Felsenklumpen von manchfaltiger Gestalt und Lage, und der auf den Höhen und aus den Tiefen sich erhebenden Buchen.«

22 ULYSSES-MONUMENT UND STROHHAUS
(nicht erhalten)

Stieg der Besucher vom Referentenhaus wieder hinab, gelangte er zum Ulysses-Monument, einem zusammengetürmten »Steinhügel«, bekrönt von einer Urne. Es erinnerte an Telemachs Vater. Der sentimentale Charakter des Denkmals, der auf die Vergänglichkeit auch großer Helden anspielt, weist eher auf die Epoche Markgraf Alexanders hin und scheint daher nicht aus der Erbauungszeit des Parks zu stammen.

Ehemaliges Strohhaus, Kupferstich von Georg Vogel nach Johann Gottfried Köppel, 1793

Von dort waren es nur wenige Schritte zum Strohhaus (22). Es lag einst direkt neben der Zufahrtsallee von Bayreuth, dem heutigen Parkplatz. Das ländliche Haus war ein mit Rinde verkleideter Fachwerkbau mit rohen Tuffsteinen in den Ecken. Der Grundriss war T-förmig, während das strohgedeckte Dach viereckig war. So entstand im vorderen Bereich ein Umgang. Den offenen Dachstuhl des weitüberhängenden Strohdachs trugen nichtentrindete Baumstämme. Der verandaartige Freiplatz ist eine höfische Bauform, die ein ungetrübtes Verweilen im Freien erlaubt. Von hier überblickte man einen kleinen regelmäßigen Barockgarten, der spitz auf das Haus der Markgräfin zulief.
Mit dem Strohhaus wurde auch die Hütte des Schweinehirten Eumaios auf Ithaka identifiziert, der Odysseus und tags darauf Telemach nach deren Irrfahrten zuerst in der Heimat empfing und aufnahm.

Regenschirm mit Steinbank

8 REGENSCHIRM UND MENTORSGROTTE

Der Weg führt von hier ins Innere des Parks weiter, wo man bald rechts zu einem weitüberhängenden Felsen mit einer Steinbank gelangt, dem Regenschirm. Er wird auch Mentors oder Dianas Regenschirm genannt. Bei Johann Gottfried Köppel liest man: »Eine zahlreiche Gesellschaft findet hier, unter seinem überhangenden Obdache nicht nur Schutz für den Regen, sondern auch in den schwülen Mittagsstunden Abkühlung, Ruhe – und nach Belieben, an den vorhandenen Tischen und Bänken auch Erquickung.« Bei gärtnerischen Pflegearbeiten wurde in diesem Bereich 2011 ein zerbrochenes Trinkglas mit der Initiale von Friedrich gefunden, das über 250 Jahre zuvor bei einer markgräflichen »Erquickung« zu Bruch gegangen war.

Dianagrotte, Kupferstich von Georg Vogel nach Johann Gottfried Köppel, 1793

Gegenüber liegt die Mentorsgrotte, »worinnen Mentor das Zimmerzeug zum Schiffbau gefunden hat.« Dies hatte Kalypso aus Eifersucht auf die Nymphe Eucharis, mit der Telemach auf die Jagd gegangen war, seinem Begleiter Mentor zur Verfügung gestellt.

HOLZSTOSSHAUS UND HAUS DER DIANA

(nicht erhalten)

Auf dem linken Felsen sah man »zwischen den schwebenden Gipfeln der Birken und Buchen ein Häuschen in Form eines Holzstoßes auf der Stirn der Klippe hängen«. Dergleichen Häuschen, »die außen einem aufgeschichteten Holzstoß ähnlich verkleidet waren«, gehörten zu den obligaten Staffagen der späteren Landschaftsgärten. Das Holzstoßhaus, in dem die Markgräfin Wilhelmine halbe Tage lesend verbrachte, hatte ein Schindeldach; die Innenwände waren mit »Moos und farbigen Steinen ausgeschmückt«, als wären es Landkarten, und durch das »Fenster schaute man in eine dunkle Waldtiefe von ungefähr 24 Klafter hinab.«

Auf dem weiteren Weg stand einst das Haus der Diana, »einsam und losgelassen von allem Lebendigen«. Es war ebenfalls mit Tuffsteinen verkleidet und trug ein Schindeldach. Wie beim Morgenländischen Bau besaß ein Stein über der Türe »Ähnlichkeit mit einem Löwenkopf, ein anderer noch auffallender, rechts am Fensterchen, mit einer Menschenmaske«. Als Göttin der Jagd durfte Diana in einer ländlichen Umgebung wie Sanspareil, wo der Bayreuther Hof seiner Jagdleidenschaft nachging, nicht fehlen.

9 DIANAGROTTE UND
10 GRÜNER TISCH *(nicht erhalten)*

Beim folgenden »Felsen der Liebe«, der mit einer steilen Wand nach Norden abstürzt, »werfen sich wilde Felsthürme zu einem Zirkel zusammen«. Es folgt linker Hand zunächst die »Grotte der Diana, wo die Göttin mit Nymphen, Bogen und Pfeilen und 3 Jagdhunden erscheinet, der Platz ganz mit Gebirgen von Felsen umfangen und in den heißesten Sommertagen hier die kühleste Luft ist«. Die Grotte ist Teil des Felsenrondells, eine der landschaftlich schönsten Partien des Hains. Mächtige Felsen »in schauervollen dunklen Gruppen« formieren ein natürliches Amphitheater, das eine Anzahl Grotten, überhängender Felsen und Engpässe aufweist. Hier stand der Grüne Tisch. Anders als bei den übrigen Plätzen wird der Flaneur hier nicht in eine andere Welt versetzt. Der Tisch diente allein dem kontemplativen Verweilen. Seine Platte umschloss ringförmig eine Buche. Diese originelle Gestaltung ist wohl englischen Ursprungs, weshalb der Tisch eine spätere Zutat des anglophilen Markgrafen Alexander sein dürfte.
Das Felsenrondell, das sich hier öffnet, sollte den Ort darstellen, wo sich Telemach »sein Paradies durch eine freie Jagd verscherzet«. Hierhin hatte er sich mit der Nymphe Eucharis von der Jagd zurückgezogen und dadurch die Eifersucht der Kalypso erregt.

Oben: Gespaltener Felsen mit Grünem Tisch, Kupferstich von Johann Carl Bock nach Johann Gottfried Köppel, 1793

Rechts: Gespaltener Felsen

11 GESPALTENER FELSEN

Nach Süden führt von hier »der Dianengrotte gegenüber« eine Schlucht von überhängenden Felsen ins Freie. Johann Gottfried Köppel beschreibt sie mit romantischer Begeisterung: »Dieß ist gewiß ein feyerlicher Ort! Ein wildes und doch reizendes Spiel der Natur. Wände von Felsen laufen geradezu in die Höhe. Buchen wehen auf dem breiten Rücken der Steinmassen, Buchen streben Säulenförmig aus der Mitte des Felsentempels empor.« Hier dachte Wilhelmine an die Stelle, »wo Mentor dem Telemach, der nicht von der Insel abreisen will, sondern über die Verbrennung des Schiffes sich heimlich freut, von dem höchsten Felsen herabstürzet, er aber noch oben stehet, aber nach Erblickung eines Tyrischen Schiffes nachspringt und den Prinzen dahin rettet«. In dem tollkühnen Sprung von den Meeresklippen sah Mentor die letzte Möglichkeit, die verhängnisvolle Zauberinsel Ogygia mit Telemach zu verlassen. Dort soll »zwischen zwei Nebenfelsen von ungemeiner Höhe eine artige grüne Hütte angebracht« gewesen sein.

Vulkanshöhle, Kupferstich von Georg Vogel nach Johann Gottfried Köppel, 1793

13 VULKANSHÖHLE

Die Gruppe aus drei aneinandergelehnten Felsen birgt auf der Nordseite die mächtigste, »weitgewölbte« Grotte des Hains, genannt »Vulcanshöhle«. Dass hier – laut dem einstigen Erläuterungsbild – »Vulkan mit Ambos und seinen Feuerknechten Raum hätte«, wird durch eine niedrige Brüstung und die Stufen, die in die Grotte führen, angedeutet. Gemeint sind die »drey Cyklopen …, die Donnerkeile für Jupiter schmieden.« Wie schon sein Vater hatte Telemach mit den einäugigen Riesen auf seiner Reise zu kämpfen gehabt.

12 BÄRENHÖHLE UND MOOSHÜTTE *(nicht erhalten)*

In dieser Felsengruppe befindet sich auch noch die kleinere Bärenhöhle. Darüber soll die Mooshütte gestanden haben, die auch »Monument der Penelope«, die Telemachs Mutter war, genannt wurde. Sie war »mit Moos tapezirt und mit Sitzen versehen.«

Die aus drei aneinandergelehnten Felsen bestehende Vulkanshöhle

ALEXANDERBUCHE UND KAPELLE *(nicht erhalten)*

Nach dieser vielfältigen Felsengruppe folgt nach Osten eine hügelige Partie mit Waldbestand, in der nur vereinzelte Felsen aufragen. Nicht dort, wo urtümliche Felsen ein Schauspiel besonderer Art entfalten, das auch noch von Menschenhand ausgedeutet wurde, setzte Markgraf Alexander die Ausstattung des Hains fort, sondern in der ruhigen, beschaulichen Zwischenzone des Buchenhains, der zur Zeit der Wilhelmine nicht mit Staffagen bereichert wurde. An der Stelle, an der Alexander die reine und – um in der Sprache des späteren 18. Jahrhunderts zu bleiben – einfältige Natur vorfand, ließ er eine Kapelle in der Gestalt einer frommen Einsiedelei errichten. Die Wände waren mit Rinden bedeckt. Damit erhielt Sanspareil – seinem Wesen nach eine weltliche Eremitage, die der höfischen Lustbarkeit diente – einen unerwarteten religiösen Akzent, »welcher der stillen Andacht gewiedmet ist«. Dass Alexander als protestantischer Markgraf die Waldkapelle hatte errichten lassen, ist Ausdruck der neuen romantischen Auffassung, die in der Natur als Schöpfung Gottes ein höheres religiöses Prinzip verehrte.

Sein besonderes Verhältnis zur Natur wurde auch in der Alexanderbuche sichtbar, die etwas weiter nördlich stand. Beim Antritt seiner Regierung über das Markgraftum Bayreuth 1769 hatte er seine Initiale in die Rinde geschnitten, »zu einer Zeit, da der Fürst ganz für die Naturschönheit Sanspareils eingenommen war« und deshalb auch sehr für den Erhalt des Parks sorgte.

14 FELSEN DER MINERVA, PANSITZ UND AMORGROTTE

Im östlichen Drittel des Parks ragen wieder zahlreiche Felsen mit grottenartigen Höhlen auf. Hier begann auch eine andersartige Gestaltung der Wege. Sie verliefen nicht mehr unregelmäßig-kurvig zwischen den Felsen und waren auch nicht mit Tuffsteinen eingefasst. Vielmehr flankierten nun Hecken die fast immer gerade verlaufenden und abschnittsweise abknickenden Wege, die sich häufig kreuzten und sich hin und wieder zu grünen Kabinetten erweiterten. Die Zone im Stil eines italienischen Selvaggio endet hier. Was nun beginnt, ist französische Gartenkunst. Denn diese Wegführung geht auf das Labyrinth im Boskettbereich des Parks von Versailles zurück. Es ist kein Zufall, dass Wilhelmine dieses gartengestalterisch anspruchsvolle und pflegetechnisch aufwendige Wegenetz nur im östlichen Teil des Parks realisieren ließ. Denn auch hier ist eine genau überlegte Inszenierung zu erkennen. In einem wirkungsvollen Wechsel von der ersten, nur relativ einfach mit Friedrichs Referentenhaus und anderen Staffagen bebauten Felsengruppe zu einer ruhigeren Waldzone durchquert der höfische Lustwandler alternierende Quartiere, um nun über die Heckenwege zum unüberbietbaren Höhepunkt der gesamten Anlage, zum Ruinentheater und Belvedere, zu gelangen: Monumente des extravaganten Geschmacks und Dokumente der verblüffenden Erfindungsgabe der Markgräfin.

Pansitz (links) und Felsen der Liebe, Kupferstich von Georg Vogel nach Johann Gottfried Köppel, 1793

Gleichsam als Aushängeschild gelangt der Besucher zunächst zu einem Felsen, der Minerva gewidmet war, der Göttin der Weisheit, die in der Person des weisen Mentors Telemach auf seiner Reise begleitete und mit der im Rollenspiel der Telemachie Wilhelmine gemeint war. Wenige Schritte weiter zur Mitte des Parks hin liegt der Pansitz und unmittelbar daneben die Amorgrotte. Auf der Erläuterungstafel vor der großen Felsengrotte war gezeigt, »wo man das Schiff in Flammen schaut«, das Mentor zur Flucht von der Insel der Kalypso gebaut hatte und das dann von Amor, dem Sohn der Venus, der Gegenspielerin von Telemach, zusammen mit Kalypsos Nymphen angezündet wurde.

Kalypsogrotte mit Blick auf das dahinterliegende Theater

18 KALYPSOGROTTE

Nach Süden weitergehend gelangt man zur Kalypsogrotte, die gleichzeitig der Zugang zu dem dahinterliegenden Theater ist. Die »Felsenmasse bildet einen gewölbten Durchgang …, welcher nicht durch Kunst, sondern durch die Natur hervorgebracht worden ist, unter dessen Wölbung eine zahlreiche Versammlung sitzen kann.« Die Kalypsogrotte ist der wichtigste Ort in der Telemachie. »Am Rande der Wellen des Meeres aufgebaut«, traf hier der Held auf die Nymphe, die ihn auf die härteste Probe stellen sollte. Telemach berichtet von all seinen bisher bestandenen Aben-

Blick von der Bühne des Ruinentheaters auf die Kalypsogrotte, Kupferstich von Georg Vogel nach Johann Gottfried Köppel, 1793

teuern, die im Felsengarten aber nicht berücksichtigt wurden. Um Telemach von der Weiterreise abzuhalten, beteuert Kalypso, dass sein Vater Odysseus nicht mehr lebe – eine Lüge, die Mentor indes durchschaut. Auf einem einst vor der Grotte befestigten Bild befand sich »die Vorstellung, wo Calypso … von Nymphen sich dienen läst, und der Prinz von Ithaca vor ihr auf den Knien lieget.« Hier musste Telemach also auf Ermahnung von Mentor der wollüstigen Vereinigung mit der Meeresnymphe widerstehen, um auf dem Tugendweg als zukünftiger Herrscher weiterzuschreiten und in dynastischer Verantwortung den Vater zu suchen.

19 RUINEN- ODER GROTTENTHEATER

Das bedeutendste Bauwerk in der gesamten Schlossanlage ist das Theater. Es ist so hinter der Kalypsogrotte gelegen, dass diese als schattiger Zuschauerbereich genutzt werden konnte. Auf der rechten Seite steht es unmittelbar neben einer anderen Partie des Felsens, weshalb das Gebäude von keinem Punkt des Felsenhains einzusehen ist. Der Überraschungseffekt könnte nicht größer sein, wenn man vom Park kommend auf die an sich schon beeindruckende Felsenformation zugeht, dann die enge, drückende Wölbung durchschreitet und unvermutet vor diesem hochaufragenden, kunstvollen Gebäude gleich einem Relikt aus einer anderen, märchenhaften Welt steht – eine durchdachte Inszenierung von Wegen und Räumen, von Natur und Kunst, wie sie das Barockzeitalter liebte. Auch in der Residenzstadt Bayreuth finden sich mit dem Alten Schloss in der Eremitage oder dem Markgräflichen Opernhaus herausragende Baukunstwerke, die ihre suggestive Wirkung einem ähnlichen Sinn für barocke Rauminszenierung verdanken. Dem singulären Ruinentheater kann in der ganzen Kunstgeschichte nichts Vergleichbares zur Seite gestellt werden. Es gibt keine Vorbilder, sondern allenfalls Anregungen verschiedener Art. Sehr viel später wurden im nördlichen Europa weitere ruinöse Theater errichtet. Sie schlugen aber andere Bahnen ein und legten dadurch die individuelle Interpretation des Themas in Bayreuth und Sanspareil offen. Es besteht kein Zweifel, dass das Theater in seiner originellen und vielschichtigen Erscheinung eine Schöpfung der hochgebildeten und künstlerisch begabten Markgräfin Wilhelmine ist. Dem Bayreuther Hofarchitekten Joseph Saint-Pierre oblag demnach ab 1746 lediglich die baumeisterliche Ausführung.

Bühne des Ruinentheaters mit Medusenhaupt im ersten Bogen

Das Theater ist unabhängig von der Telemach-Erzählung, in der kein entsprechendes Gebäude erwähnt wird, in einer Bauzeit von etwa zwei Jahren errichtet worden. Unter

Markgraf Alexander fanden Reparaturen statt, die das Aussehen des Theaters in wenigen Details veränderten. Es wurde auf einer etwas erhöhten Ebene aus Karststeinen errichtet und besteht aus fünf Kulissenpaaren mit Soffittenbögen und einem abschließenden Prospekt. Vor dem Bühnenbereich befindet sich ein abgetrennter Orchestergraben, an dessen Seiten über zwei kleine Treppen die Bühne betreten werden kann. Die massiven Kulissenpfeiler tragen die Soffitten in Form von Korbbögen aus Keilsteinen, wobei der dritte und fünfte Bogen schon immer eingebrochen waren. Jedes Pfeilerpaar ist unterschiedlich gestaltet. Die ersten beiden sind mit Nischen versehen, die mit bunten Kieselornamenten geschmückt sind. Das dritte Paar weist einen schmalen Durchgang auf und das fünfte ist direkt an die abschließende Rückwand angelehnt. Sie zeigt links eine Nische, in der ehemals eine Rocaillenvase stand, und rechts einen Durchgang. Die unterschiedliche Größe und Beschaffenheit der Steine gliedern das Mauerwerk.

Bildhauerarbeiten im Ruinentheater: ein antiker Schriftsteller (links) und die Herme des Bühnenprospekts

Zahlreiche Skulpturen und Reliefs schmückten das Gebäude, von denen einige noch erhalten sind. Als Erstes erblickt man eine Herme in der Mitte des Bühnenprospekts, die vermutlich einen Satyr darstellt (in der Literatur werden auch Abundantia und Terminus genannt). Satyrn, der eine mit Flöte, der andere mit Trommel, waren auch in den beiden Nischen des vorderen Pfeilerpaars aufgestellt; unter Markgraf Alexander wurden sie in die Pfeilernischen dahinter versetzt. Sie sind stark verwittert. Ähnliche Skulpturen wohl aus der Eremitage finden sich im Historischen Museum der Stadt Bayreuth. Darüber sind auf zwei Ovalmedaillons männliche Profile dargestellt, wohl antike Schriftsteller, die von geheimnisvollen Zeichen umgeben

sind. Die Schlusssteine der drei Bögen zeigen das Medusenhaupt mit Schlangenhaar, einen Drachen und einen Kopf mit tragischem Ausdruck. Der figurale Dekor spielt auf die antike Dichtung und Musik an. Der Drache ist ein mehrdeutiges und seltenes Symbol. Dagegen soll das Medusenhaupt den Hinterlistigen abweisen. Ob dahinter ein präzises Programm steht, ist fraglich. Vielmehr soll damit frei assoziativ eine antikische Anmutung erzeugt werden, die auf das Theatergebäude und die urtümliche Natursituation anspielt, wobei die spielerisch-ironische Ebene nicht übersehen werden darf. So finden sich unter den Hieroglyphen des Vogelhauses in der Eremitage ebenfalls Drachen und ähnliche Tiere, die geheimnisvoll, vielsagend wirken sollen, ohne eine bestimmte Bedeutung zu haben.

Medusenhaupt im ersten Soffittenbogen (links) und die Abfolge der Bögen (oben)

Erst der figurale Dekor macht aus dem Gebäude ein vermeintlich antikes Theater. Seine Struktur entspricht nämlich der einer barocken Kulissenbühne ohne Gebäudehülle. Dort bestünden die Kulissen aus bemalten, auf Holzrahmen gespannten Leinwänden, zwischen denen die üblichen vier Kulissengassen liegen, während die Soffitten mittels einer Bühnenmaschinerie aus dem Schnürboden herabgelassen wurden. Das Ruinentheater ist eine sonst nur von der Eremitage bekannte Umsetzung einer ephemeren Theaterdekoration in dauerhaftem Stein. Im Gegensatz zu einer echten Kulisse, die auf ein bestimmtes Stück bezogen ist, gibt die hiesige Steinkulisse keine Aufschlüsse, für welche Aufführung sie geschaffen wurde. Es ist mehr die Beschwörung einer bukolischen Stimmung, die die Bühne durch ihre grottenhafte, altertümlich angereicherte Erscheinung evozieren soll.

Blick von der Kalypsogrotte auf das Ruinentheater, Kupferstiche von Johann Thomas Köppel, 1748 (links), und von Jakob Samuel Walwert nach Johann Gottfried Köppel, 1793 (rechts)

Auf dem Stich von Johann Thomas Köppel aus dem Jahr 1748 zeigen sich die Kavaliere mit ihren Damen in einem Rollenspiel als Schäfer und wurden so adäquates Attribut, ja Bestandteil der Architekturinszenierung. Man könnte durchaus so weit gehen zu sagen, dass auch das Markgräfliche Opernhaus, das zur gleichen Zeit in Bayreuth als Hoftheater errichtet wurde, analog zur bukolischen Kostümierung der Hofgesellschaft sich hier im Kleid eines Grottentheaters zeigt.

Dass eine künstliche Schäferwelt mit ländlichen Gebäuden für solcherart höfische Rollenspiele auf mehreren Ebenen errichtet wurde, ist keine Seltenheit. Berühmt ist der Weiler Hameau, den Königin Marie Antoinette im Park von Schloss Versailles errichten ließ. Dass aber ein höfisches Gebäude die Rolle einer Hirtenstaffage zugewiesen bekommt, dürfte eine Rarität sein. Beeindruckt bannt der Zuschauer im Vordergrund des Stichs die enthobene Szenerie mit seinem Stift auf ein Blatt Papier. Dass das Ruinen- und Grottentheater vor allem ein bedeutungs-

voll komponiertes »Bild« von großer emotionaler Wirkung ist, wobei jedem bewusst war, dass diese zauberhafte Invention von der geistreichen Markgräfin Wilhelmine ersonnen wurde, wird hier deutlich. Auf dem gut vier Jahrzehnte später entstandenen Stich von Johann Thomas Köppels Sohn, Johann Gottfried, entfaltet sich nun keine unbeschwerte Schäferidylle mehr, dafür rückt das staunende Betrachten einer pittoresken Sehenswürdigkeit durch die beiden Herren mit Gehrock und Hut ganz in den Vordergrund. Dass diese travestieartige Verwandlung eines Theaters keine direkte Nachfolge finden konnte, wird nun verständlich. Im Klassizismus und im Biedermeier hätte man den spielerischen Umgang mit einem Theater, in dem im Goethezeitalter die Inhalte einer moralisierenden Empfindsamkeit der Öffentlichkeit vermittelt wurden, als unpassend und unseriös empfunden. Die damals gebauten Ruinentheater wie das Amphitheater in Wörlitz (1788/95), das Theater auf der Insel im Łazienki-Park bei Warschau (1790) oder das Kolosseum nahe der Burg

Liechtenstein bei Mödling (1810/11) waren deshalb auch eher antike Rekonstruktionen. So sehr das Theater in Sanspareil als Schaugebäude gedacht ist, so war es sicherlich keine reine Gartenstaffage. Auch wenn die Augenlust der dominante Aspekt war, dürfte kaum ein Zweifel bestehen, dass die Hofgesellschaft um das Markgrafenpaar nicht auch intime Schäfer- und andere Singspiele zum eigenen Vergnügen aufführte. Durch den fest installierten Abschlussprospekt waren die Aufführungsmöglichkeiten jedoch eingeschränkt – im Gegensatz zur Eremitage, wo sein Fehlen größere Inszenierungen mit beliebten Überraschungseffekten ermöglichte, etwa dem Erscheinen einer Kutsche in der Ferne.

Der Gedanke, ein Ruinentheater zu bauen, muss Wilhelmine fasziniert haben, ist dieses schon das zweite Exemplar, das sie innerhalb kürzester Zeit errichten ließ. Aus welchen Quellen erhielt sie aber diese Anregung? Welche Bedeutung hatte die Antike für sie? Solche und ähnliche Fragen sind nicht mit ein paar Sätzen zu beantworten. Wilhelmine, die sich als Künstlerin, Musikerin, Philosophin, Frau von Geist verstand, die der Aufklärung in Deutschland durchaus eigene Impulse gab, hatte sich ein komplexes Weltbild geschaffen, in dem die Antike eine bedeutsame Rolle spielte. Dies hat dazu beigetragen, den Buchenhain am Fuße der Burg Zwernitz zu einem Selvaggio zu formen, wie er in der italienischen Renaissance nach antiken Quellen beliebt wurde. Unter diesem Vorzeichen erhielt die Markgräfin eine maßgebliche Anregung durch einen Stich aus der 1721 erschienenen Sammlung »Entwurf einer historischen Architektur …« Johann Bernhard Fischer von Erlachs (1656–1723). Neben den bedeutendsten Gebäuden von der Antike bis in die Gegenwart bildete er auch eine »wundersame Felsen-Bühne«, das Steintheater im Schlosspark Hellbrunn bei Salzburg, ab. 1619 hatte Erzbischof Sitticus die Höhle eines Steinbruchs als Bühne adaptiert, der Zuschauerraum befindet

Rückseite des Bühnenprospekts

sich aber unter einem davorgelagerten natürlichen Felsenbogen, ähnlich wie in Sanspareil, nur von gewaltigen Ausmaßen. Wilhelmines Formulierung, dass die Natur die Baumeisterin des Gartens gewesen wäre, geht fast wörtlich auf Fischer von Erlachs Beschreibung des Steintheaters zurück. Fischer von Erlach wie Wilhelmine waren von der »Merkwürdigkeit« – ein beliebter Begriff im 18. Jahrhundert –, dass die Natur ohne Zutun von Menschenhand eine Kunstform hervorgebracht habe, beeindruckt. Zu den größten Beispielen, zu denen Fischer von Erlach auch den Nilkatarakt und Stonehenge zählte, fügte Wilhelmine nun ihr Sanspareil hinzu. Kenner der Architektur – und das waren Hofleute in der Regel – verstanden die Zusammenhänge.

15 BELVEDERE UND 16 TANZSAAL *(nicht erhalten)*

Kaum weniger spektakulär als das Ruinentheater war das Belvedere in unmittelbarer Nähe. Auf dem eingeebneten Rücken des gleichen Felsenhaufens, der durch die Kalypsogrotte so spektakulär hervorgehoben ist und den Hedenus »Wunderfelsen« nannte, befand sich in 15 Metern Höhe ein Belvedere. Dessen Fundament ist, wie eine archäologische Grabung ergab, noch im Boden vorhanden. Der Grundriss dieses Fundaments wurde mit Naturstein gepflastert, sodass man sich vor Ort ein Bild von der ursprünglichen Lage des Gebäudes machen kann. Es war ein dreigliedriger Pavillon mit einem Gärtchen davor. Zugänglich war das kleine Areal über eine Steintreppe und eine weitere – nach Johann Gottfried Köppels Stich zu urteilen – steile und etwas abenteuerlich wirkende Steintreppe. Der achteckige Mittelteil des tuffsteinverkleideten Gebäudes trug ein mansardförmiges Dach, die runden Seitenteile welsche Hauben. Die Dreiteiligkeit ist eine hierarchische Bauform, die man bei Gartenpavillons kaum findet. Bezeichnenderweise ähnelt die Rhythmisierung des Pavillons der ursprünglichen Fassadenansicht des Morgenländischen Baus mit Mittelteil und Seitenflügeln. Außergewöhnlich war der Garten, der sich über drei schmale Terrassen erstreckte. Für seine Anlage auf dem blanken Felsen mussten eigens Stützmauern errichtet werden, um Erdreich auffüllen zu können. Die Assoziation mit den Hängenden Gärten der Semiramis war naheliegend und sicher auch intendiert, auch wenn keine direkten Hinweise dafür überliefert sind. Nur wenige Jahre zuvor hatte sich Wilhelmine auf einem Gemälde in ihrem Audienzzimmer in der Eremitage mit der babylonischen Königin als tugendhafte Herrscherin identifiziert. Bei dem Belvedere handelt es sich also um einen Rückzugsort der Markgräfin. Belvedere und Theater sind die Plätze im Felsenhain, die ihre Welt markieren. So konnte Hedenus das Belvedere

Treppe zum Belvedere der Wilhelmine

Belvedere und Tanzsaal mit Heckenwegen, Kupferstich von Johann Thomas Köppel, 1748

zu Recht als Ort der Kalliope bezeichnen, der Muse der Wissenschaft, der Philosophie und des Epos. Er dichtete: »Zu dieses Felsens steilen Höh / Wirst Du auf etlich 60 Stufen / Zum Lusthaus der Calliope / und seltnen Garten aufgerufen. / Welch ein Gesicht! Welch weites Land!« Von dieser entrückten Einsiedelei hatte Wilhelmine einen herrlichen Rundblick auf die Fränkische Schweiz bis zum Fichtelgebirge. Ein Garten auf einem Felsen – dies musste die Hofgesellschaft in Verzückung setzen.

Auf dem Stich von Köppel ist im Vordergrund, also wenige Meter nördlich des Felsens, ein Treillagenpavillon zu erkennen. Dies war der Tanzsaal, der später von einem doppelten Kreis von Linden und Kastanien umgeben war – ein Ort der höfischen Lustbarkeit, von dem sich heute nur ein runder Platz erhalten hat.

Aeolusgrotte mit Aussichtspavillon, Kupferstich von Georg Vogel nach Johann Gottfried Köppel, 1793

21 AEOLUSGROTTE, 20 SIBYLLENGROTTE, CYBELEGROTTE UND AEOLUSTURM *(Letzterer nicht erhalten)*

Am äußersten Ende des Parks ragt ein mehrteiliger Felsen auf, durch den man hindurchgehen kann. Johann Gottfried Köppel beschrieb die Wirkung: »Ein ungeheurer Fels ruht auf seiner eigenen Schwerkraft, und streckt sein schweres Haupt empor aus dem schönen Waldgrün, das ihn umgibt. Zwey Haupttreppen, 10 Schuh breit, leiten den aufmerksamen Wanderer durch ihn unter seinem Gewölb hindurch.« Bekrönt war er mit einem vieleckigen chinesischen Pavillon. Als Wetterfahne diente ein fliegender Drache. Wahrscheinlich wurde er erst unter Markgraf Alexander gegen 1790 errichtet. Von ihm hatte man einen

Oben: Natürliche Felsenbrücke am Aeolusfelsen

Rechts: Sibyllengrotte

beeindruckenden Fernblick vor allem nach Westen bis in das fernere Umland.
Dieser Felsen wurde nach Aeolus, dem Windgott, benannt. Er verursachte durch einen verheerenden Sturm Telemachs Schiffbruch. Damit beginnt die Geschichte des Helden. Mit seinem Begleiter Mentor wurde er an das Ufer der Zauberinsel Ogygia gespült, wo er von der Nymphe Kalypso aufgenommen wurde. Am Fuße des größeren der beiden Felsen befindet sich die Aeolusgrotte, und der chinesische Pavillon wurde später Aeolusturm genannt. Eine Grotte in dem kleineren Nebenfelsen wurde der Sibylle gewidmet. Sie prophezeite Telemach sein zukünftiges Geschick. Die Höhle erhielt auch den Namen Cybelegrotte, nach Cybele, der großen Göttermutter Magna Mater, um die sich in der Antike ein Mysterienkult entwickelt hatte.

Gollerfelsen, Kupferstich von Georg Vogel nach Johann Gottfried Köppel, 1793

23 ZSCHOKKE- UND 24 GOLLERFELSEN

Etwas südlich des Hains ragen zwei weitere Felsen auf. Der Zschokkefelsen trägt den Namen des Dichters Heinrich Zschokke, der sich so enthusiastisch über den Felsengarten ausgelassen hat. In der Nähe steht der Goller- oder Reigerfelsen. Er trug einst einen Pavillon, der von einer hier ansässigen Privatperson errichtet wurde. Interessant ist, dass die beiden Felsen von Wilhelmine nicht in den Hain einbezogen wurden. Sie lagen außerhalb des höfischen Bereichs und dienten nur als Point de Vue.

Zschokkefelsen mit Burg Zwernitz, Lithographie, um 1810

Nächste Doppelseite: Zschokkefelsen (rechts) mit Burg Zwernitz

Auch wenn der Hain nicht von einer Mauer umgeben war, hatte er für die Dichter Zschokke, Tieck und Wackenroder offensichtlich noch den Charakter eines der Außenwelt entrückten Schlossparks. Erst die späteren Gärten öffneten sich zur freien Landschaft, so wie das hier wohl in den 1770er-Jahren geschah. Aus diesen Jahren stammte auch die Figur eines Einsiedlers, die in einer Höhle des Felsens aufgestellt war – typisch für die spätere Zeit, da man sich als Spaziergänger nicht mehr auf die gleiche Ebene der illusionären Welt Arkadiens begab, sondern die Dinge von außen betrachtete.

English Summary

The palace and gardens of Sanspareil were created between 1744 and 1748 by Margrave Friedrich von Brandenburg-Bayreuth (1711–1763) and his wife Wilhelmine (1709–1758), the favourite sister of King Frederick the Great of Prussia. The occasion that prompted the construction of this complex was the marriage of Princess Elisabeth Friederike Sophie (1732–1780), the only child of the margravial couple, to Duke Carl Eugen von Württemberg (1728–1793).

The area had long been known for its bizarre rock formations of tuff, formed 160 million years ago as reefs in the ancient Jurassic seas. On first seeing one of these rocky outcrops at the foot of Zwernitz Castle, a guest of the Margrave was moved to exclaim *C'est sans pareil!* (It has no equal). Wilhelmine, herself gifted in the arts, immediately recognised the exceptional charm of this location, which reminded her of Chinese gardens. The backdrop for Sanspareil is Zwernitz Castle, built by the Staufers in the mid-twelfth century.

The castle is impressive for its raised position and defensive walls of carefully worked rusticated ashlars. In many places these walls are still preserved. However, little remains of the outer buildings, except for a few individual structures, including a stable block which is today used as the visitor centre. Visitors walk up through the lower castle to reach the upper part of the castle complex. From the top of the keep there is a wonderful panoramic view of the surrounding countryside, an area known as "Franconian Switzerland". Housed in the castle is a permanent exhibi-

tion about hunting at the courts of the Margraves of Ansbach and Bayreuth in the eighteenth century. Precious exhibits illustrate all aspects of this theme.
In the heart of the Sanspareil complex is the Oriental Building, and opposite it, the kitchens. Between these two were originally two small residences for the margravial couple plus two other buildings. Their arrangement is inspired by the layout of Château de Marly, which was built by the French Sun King as a small pleasure palace near Versailles. The exterior walls of the Oriental Building are clad with rough-hewn tuff stone, as if it were a grotto. The interior, by contrast, is finished in the elegant forms of the Bayreuth rococo style.
In the copse behind the castle, a number of staffage buildings were erected. The only one of these to survive is a spectacular theatre in the form of a ruin at the end of the park. Although intended to echo the open-air theatres of Antiquity, it is in essence the stone backdrop to a Baroque stage, but without the protective envelope of a theatre building. During the same period, Wilhelmine also had a similar open-air stage built in the Hermitage and at the Margravial Opera House in Bayreuth.
On the rocky outcrop next to the theatre there was once a belvedere with a small garden area stretching out in front of it, intended to be reminiscent of the Hanging Gardens of Semiramis. As an homage to the bridegroom, Wilhelmine named the rock features after episodes in the novel "The Adventures of Telemachus", by the French writer François Fénelon.

Literatur

BACHMANN, ERICH/SEELIG, LORENZ: Felsengarten Sanspareil, Burg Zwernitz. Amtlicher Führer. 7. Auflage, München 1995 (Veröffentlichungen der Bayerischen Verwaltung der staatlichen Schlösser, Gärten und Seen)

BURGER, DANIEL: Landesfestungen der Hohenzollern in Franken und Brandenburg. Sonderausgabe, Kulmbach 2000 (Schriftenreihe »Die Plassenburg« für Heimatforschung und Kulturpflege in Ostfranken 51)

FIKENSCHER, GEORG WOLFGANG AUGUSTIN: Eremitage, Fantaisie und Sanspareil. Drey durch Natur und Kunst geschaffene vorzügliche Lustorte im Mainkreis des Königreichs Baiern, München 1812

GEYER, CHRISTIAN: Sanspareil, ein vergessener Lustort aus der Markgrafenzeit. In: Archiv für Geschichte und Altertumskunde von Oberfranken. Bd. 21, Heft 2 (1900), S. 1–29; *als Einzeldruck erschienen Bayreuth 1901; darin auch das Gedicht von Marcus Friedrich Hedenus*

GRÜBL, KURT: Felsengarten Sanspareil. Kurzführer mit Gartenplan, München 2006

HABERMANN, SYLVIA: Bayreuther Gartenkunst. Die Gärten der Markgrafen von Brandenburg-Culmbach im 17. und 18. Jahrhundert, Worms 1982 (Quellen und Forschungen zur Gartenkunst 6); *mit ausführlichem Literaturverzeichnis*

JAHN, WOLFGANG: Stukkaturen des Rokoko. Bayreuther Hofkünstler in markgräflichen Schlössern und in Würzburg, Eichstätt, Ansbach, Ottobeuren, Sigmaringen 1990

KLUXEN, ANDREA M.: Die Ruinen-»Theater« der Wilhelmine von Bayreuth. In: Archiv für Geschichte von Oberfranken 67 (1987), S. 187–255

KÖPPEL, JOHANN GOTTFRIED: Die Eremitage zu Sanspareil. Nach der Natur gezeichnet und beschrieben. Faksimiledruck der Ausgabe Erlangen 1793. Mit einem Nachwort von Sylvia Habermann, Erlangen 1997

KRÜCKMANN, PETER O.: Paradies des Rokoko. Bd. 1: Das Bayreuth der Markgräfin Wilhelmine. 2. Auflage, München u. a. 2001

KUNSTMANN, HELLMUT: Burgen in Oberfranken. Teil II: Die Burgen der edelfreien Geschlechter im Obermaingebiet, Kulmbach 1955 (Die Plassenburg 10)

MERTEN, KLAUS: Der Bayreuther Hofarchitekt Joseph Saint-Pierre (1708/09–1754). In: Archiv für Geschichte von Oberfranken 44 (1964), S. 7–160

PFEIFFER, GERHARD: Markgräfin Wilhelmine und die Eremitagen bei Bayreuth und Sanspareil. In: Archive und Geschichtsforschung. Studien zur fränkischen und bayerischen Geschichte. Fridolin Solleder zum 80. Geburtstag dargebracht. Hrsg. von Horst Heldmann, Neustadt a. d. Aisch 1966, S. 209–221

SCHLOSS- UND GARTENVERWALTUNG BAYREUTH-EREMITAGE (HRSG.): 850 Jahre Burg Zwernitz. Beiträge zur Geschichte der Burg Zwernitz und des Felsengartens Sanspareil. Mit Aufsätzen von Kurt Grübl, Christine Kofer, Ruprecht Konrad-Röder, Arniko F. Schilling, Matthias Sesselmann, Harald Stark, Olaf Steiniger, Bayreuth 2007

SEELIG, LORENZ: Friedrich und Wilhelmine. Die Kunst am Bayreuther Hof 1732–1763, München/Zürich 1982

TOUSSAINT, INGO: Lustgärten um Bayreuth. Eremitage, Sanspareil und Fantaisie in Beschreibungen aus dem 18. und 19. Jahrhundert, Hildesheim u. a. 1998

Verzeichnis der Personen und mythologischen Figuren

Publikationen der Bayerischen Schlösserverwaltung

Die Bayerische Schlösserverwaltung gibt zu allen Sehenswürdigkeiten farbig illustrierte Amtliche Führer heraus, die meist in mehreren Fremdsprachen vorliegen. Zu zahlreichen Parkanlagen sind Gartenpläne mit bebilderten Kurztexten erhältlich. Ausstellungs- und Bestandskataloge, Bildhefte und wissenschaftliche Veröffentlichungen runden das vielfältige Publikationsangebot ab. Neben den Büchern gibt es aber auch Plakate und CD-ROMs.
Die Besucherinformation »Staatliche Schlösser und Gärten in Bayern« mit den aktuellen Öffnungszeiten, Eintrittspreisen und einem Kurzüberblick über die einzelnen Sehenswürdigkeiten kann gegen eine Schutzgebühr von 2,45 EUR in Briefmarken bestellt werden.

Das komplette Programm der Veröffentlichungen kann kostenfrei angefordert werden:

Bayerische Verwaltung der
staatlichen Schlösser, Gärten und Seen

Postfach 20 20 63 · 80020 München
Tel. (0 89) 1 79 08-0 · Fax (0 89) 1 79 08-190
shop@bsv.bayern.de · www.schloesser.bayern.de

Sehenswürdigkeiten der Bayerischen Schlösserverwaltung

www.schloesser.bayern.de · Tel. +49(0)89 17908-0

Ansbach
- Residenz der Markgrafen von Ansbach

Aschaffenburg
- Schloss Johannisburg
- Pompejanum
- Schloss und Park Schönbusch

Bamberg
- Neue Residenz Bamberg

Bamberg/ Memmelsdorf
- Schloss Seehof

Bayreuth
- Neues Schloss
- Markgräfliches Opernhaus

Bayreuth/Donndorf
- Gartenkunst-Museum Schloss und Park Fantaisie

Bayreuth/Eremitage
- Altes Schloss Eremitage

Bayreuth/Wonsees-Sanspareil
- Felsengarten Sanspareil mit Morgenländischem Bau
- Burg Zwernitz

Burghausen
- Burg zu Burghausen

Cadolzburg
- Burg und Burggarten

Coburg
- Schloss Ehrenburg

Coburg/Rödental
- Schloss Rosenau

Dachau
- Schloss Dachau

Eichstätt
- Willibaldsburg

Ellingen
- Residenz Ellingen

Feldafing am Starnberger See
- Park Feldafing und Roseninsel

Herrenchiemsee
- Königsschloss Herrenchiemsee (Neues Schloss)
- Museum im Augustiner-Chorherrenstift Herrenchiemsee (Altes Schloss)

Höchstädt
- Schloss Höchstädt

Holzhausen am Ammersee
- Künstlerhaus Gasteiger

Kelheim
- Befreiungshalle

Kempten
- Residenz Kempten

Königssee
- St. Bartholomä

Kulmbach
- Plassenburg

Landshut
- Burg Trausnitz
- Stadtresidenz

Lauenstein bei Ludwigsstadt
- Burg Lauenstein

Linderhof
- Schloss Linderhof

München
- Residenz München
  Schatzkammer der Residenz
  Cuvilliés-Theater
- Feldherrnhalle
- Ruhmeshalle und Bavaria
- Schloss Nymphenburg
  Amalienburg, Badenburg, Pagodenburg, Magdalenenklause
  Marstallmuseum
  Museum Nymphenburger Porzellan
- Englischer Garten

München/ Oberschleißheim:
- Neues Schloss Schleißheim
- Schloss Lustheim

Neuburg an der Donau
- Schloss Neuburg an der Donau

Neuschwanstein/ Schwangau
- Schloss Neuschwanstein

Nürnberg
- Kaiserburg Nürnberg

Prunn im Altmühltal
- Burg Prunn

Riedenburg
- Burg Rosenburg

Schachen
- Königshaus am Schachen

Schnaittach
- Festung Rothenberg

Übersee/Feldwies
- Künstlerhaus Exter

Veitshöchheim
- Schloss und Hofgarten Veitshöchheim

Wonsees siehe Bayreuth

Würzburg
- Residenz Würzburg
- Festung Marienberg

Neues Schloss und Hofgarten Bayreuth

Neues Schloss und Hofgarten

Markgraf Friedrich von Brandenburg-Bayreuth ließ ab 1753 die neue Stadtresidenz von Joseph Saint-Pierre erbauen. Seine Gattin Wilhelmine hatte großen Einfluss auf die Gestaltung der Räume. Hervorzuheben sind vor allem das Spiegelscherbenkabinett, der Salon mit Golddecke, das Japanische Zimmer und das Alte Musikzimmer. Im Erdgeschoss befinden sich heute die Ausstellung »Das Bayreuth der Markgräfin Wilhelmine«, die Gemäldegalerie »Malerei des Spätbarock« sowie das Museum »Bayreuther Fayencen – Sammlung Rummel«.

Markgräfliches Opernhaus

Im 18. Jahrhundert entstand in der kleinen Residenzstadt Bayreuth ein Opernhaus, das an Größe und Pracht den berühmtesten Häusern seiner Zeit in nichts nachstand. Vor allem Markgräfin Wilhelmine betrieb mit Nachdruck den Neubau. In nur vier Jahren Bauzeit wurde das Opernhaus ab 1744 nach Plänen von Joseph Saint-Pierre errichtet. Die Fassadengestaltung orientierte sich an französischen Vorbildern und setzte das Opernhaus markant von den angrenzenden Häusern ab. Den Innenraum gestaltete Giuseppe Galli Bibiena, der wohl berühmteste Theaterarchitekt seiner Zeit. Das Opernhaus als Ganzes gehört zu den wenigen in Europa erhaltenen Theaterbauten des 18. Jahrhunderts.

Markgräfliches Opernhaus Bayreuth, Zuschauerraum

Altes Schloss Eremitage Bayreuth

Die Eremitage in Bayreuth

Die Eremitage in Bayreuth ist sicher eine der zauberhaftesten Schlossanlagen weltweit. Markgraf Georg Wilhelm erbaute das Alte Schloss ab 1715 als Mittelpunkt einer höfischen Einsiedelei. Hierher zog sich die Hofgesellschaft teils als Spiel, teils durchaus ernst gemeint als Eremiten zurück. Zwei Jahrzehnte später ließ Markgräfin Wilhelmine, die eine Schwester Friedrichs des Großen war, das Schloss zu einer außergewöhnlichen Sommerresidenz erweitern und mehrere beeindruckende Parkbauten errichten. Bei der Erweiterung der bestehenden Gartenanlagen griff Wilhelmine auf traditionelle barocke Elemente wie Heckenquartiere, Laubengänge und Wasserspiele zurück.

Schloss und Park Fantaisie

Schloss Fantaisie beherbergt das erste Gartenkunst-Museum Deutschlands. Anhand zahlreicher und wertvoller Exponate wird hier die Geschichte der Gartenkunst vom 17. bis zum 19. Jahrhundert anschaulich dargestellt. Weitere Highlights des Museumsrundgangs sind der Weiße Saal sowie die Nachbildung des berühmten Spindler-Kabinetts. Der reizvolle Schlosspark ist von originalen Gestaltungselementen der drei wichtigen Stilphasen Rokoko, Empfindsamkeit und Historismus geprägt. Er ist wesentlicher Bestandteil des Gartenkunst-Museums Fantaisie.

Schloss und Park Fantaisie

Der Amtliche Führer wurde unter Berücksichtigung der neuen musealen Ausstattung umfassend revidiert, weitgehend neu verfasst und vollständig neu gestaltet. Die textliche Neubearbeitung stammt von Peter O. Krückmann auf der Grundlage der bisherigen von Erich Bachmann, Lorenz Seelig und Alfred Ziffer bearbeiteten Ausgaben. Wertvolle Hinweise besonders zum Felsengarten sind Kurt Grübl zu verdanken.

Abbildungsnachweis: Artothek für Bayerische Staatsgemäldesammlungen München (Foto: Bayer & Mitko): S. 88 • Bayerische Schlösserverwaltung: U1, S. 3, 22, 25, 26, 27, 46, 48, 49, 50, 51, 52 links, 54–55, 59, 60, 61, 63, 64, 65, 66, 67, 68, 74, 75, 86, 87, 91, 110, 112, 117, 118, 135, 138, 139, U4 (Fotos: Andrea Gruber, Rainer Herrmann, Maria Scherf u.a.); S. 9 (Foto: Ingo Berens); S. 18 (Foto: Achim Bunz); S. 21, 84, 92, 94, 97, 103, 122 (Fotos: Gärtenabteilung); S. 20, 52 rechts (Foto: Peter O. Krückmann); S. 29 (Foto: Harald Stark) • Graf und Gräfin Christoph Douglas: S. 38 (Foto: Horst Ziegenfusz) • Klaus Frahm, Börnsen: S. 32, 77, 78, 106, 111, 113, 123, 126–127 • Historisches Museum, Bayreuth: S. 4, 36–37 • Staatliche Schlösser und Gärten Baden-Württemberg, Schloss Ludwigsburg: S. 12, 15 (Fotos: Manfred Schuller) • Staatsbibliothek Bamberg: S. 8, 33, 44–45, 70–71, 80, 81, 82–83, 96, 98, 100, 102, 105, 107, 114, 115, 120, 121, 124, 125 (Fotos: Gerald Raab) • Stiftung Schlösser und Gärten Potsdam-Sanssouci: S. 11 • Ullstein Bild – imagebroker.net: S. 101, 108 (Fotos: Martin Siepmann) • Universitätsbibliothek Heidelberg: S. 17 (Giacomo Lauro: Antiquvae Vrbis Splendor, S. 165) • Universitäts- und Landesbibliothek, Darmstadt: S. 6–7, 69

Grundrisse und Schnitte: Architekturbüro Stefan Eckl, Kulmbach und Bauabteilung der Bayerischen Schlösserverwaltung

Gartenplan: Zeichnung Norbert Nordmann, grafische Bearbeitung Kochan & Partner München

Personenverzeichnis: Katrin Horvat, München

Übersetzung der engl. Zusammenfassung: Ingrid Taylor, München

1. Auflage der Neufassung

Projektleitung: Kathrin Jung
Lektorat: Katrin Horvat, München
Grafische Gestaltung: Barbara Markwitz, München
Lithografie: Reproline Genceller, München
Druck: Mediahaus Biering
ISBN 978-3-941637-14-6
Printed in Germany

Grundriss Burg Zwernitz

Grundriss Morgenländischer Bau

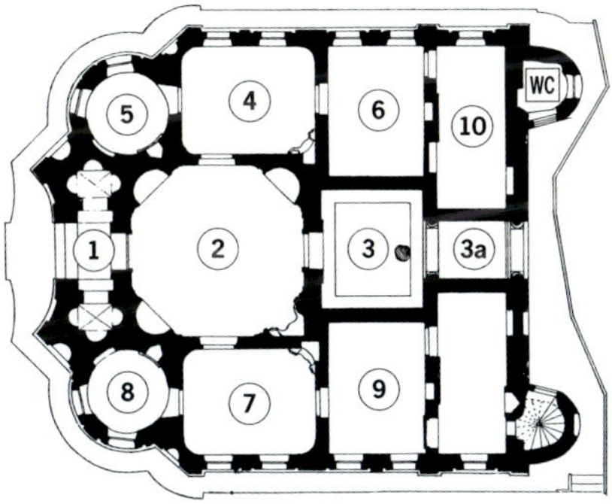

- **1** Vorhalle
- **2** Festsaal
- **3** Kleiner Hof
- **3a** Rückwärtiger Durchgang
- **4** Salon der Markgräfin
- **5** Lesekabinett
- **6** Gobelinsalon
- **7** Salon des Markgrafen
- **8** Kabinett
- **9** Jagdzimmer
- **10** Chinesisches Kabinett

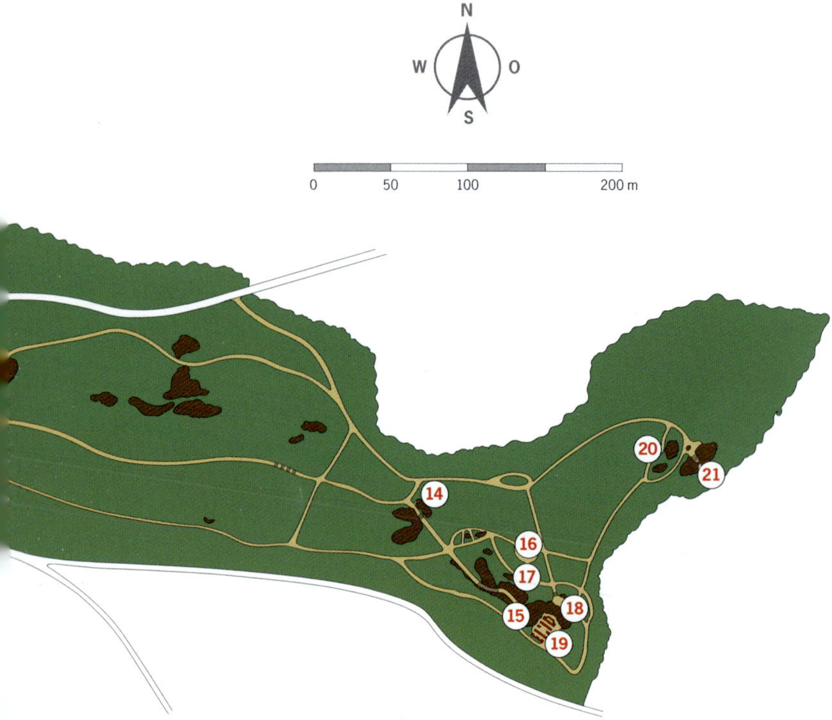

13 Vulkanshöhle
14 Pansitz
15 Belvedere
16 Ehemaliger Tanzsaal
17 Sirenengrotte
18 Kalypsogrotte
19 Ruinentheater
20 Sibyllengrotte
21 Aeolusgrotte
22 Ehemaliges Strohhaus
23 Zschokkefelsen
24 Gollerfelsen

Felsengarten Sanspareil

1	Burg Zwernitz	7	Ehemaliges Referentenhaus
2	Terrassenanlage	8	Regenschirm und Mentorsgrotte
3	Hühnerloch	9	Dianagrotte
4	Küchenbau	10	Ehemaliger Grüner Tisch
5	Parterre	11	Gespaltener Felsen
6	Morgenländischer Bau	12	Bärenhöhle

1 Besucherzentrum
2 Unteres Tor
3 Vorhof
4 Oberes Tor
5 Kapellenhof
6 Kapellenbau
7 Burgdokumentation im Hirschkopfbau

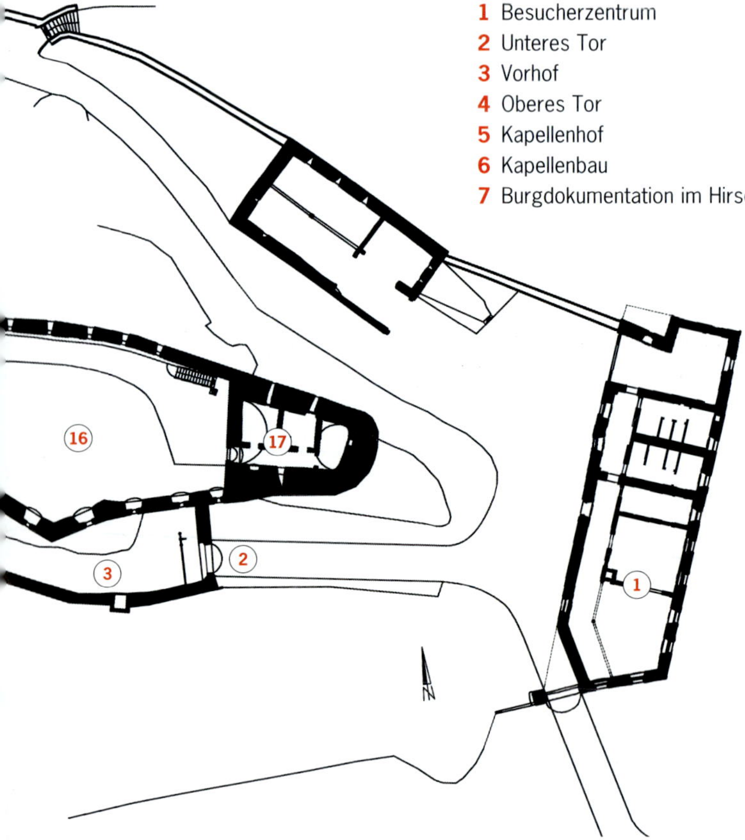

8 Bergfried
9–15 *Dauerausstellung »Markgräfliche Jagd«*
9 Vorraum
10 Waffengang
11 Waffenkammer
12 Trophäenkammer
13–15 Kammern
16 Schönhof
17 Archivbau